날마다
기도 노트

PRAYER NOTE

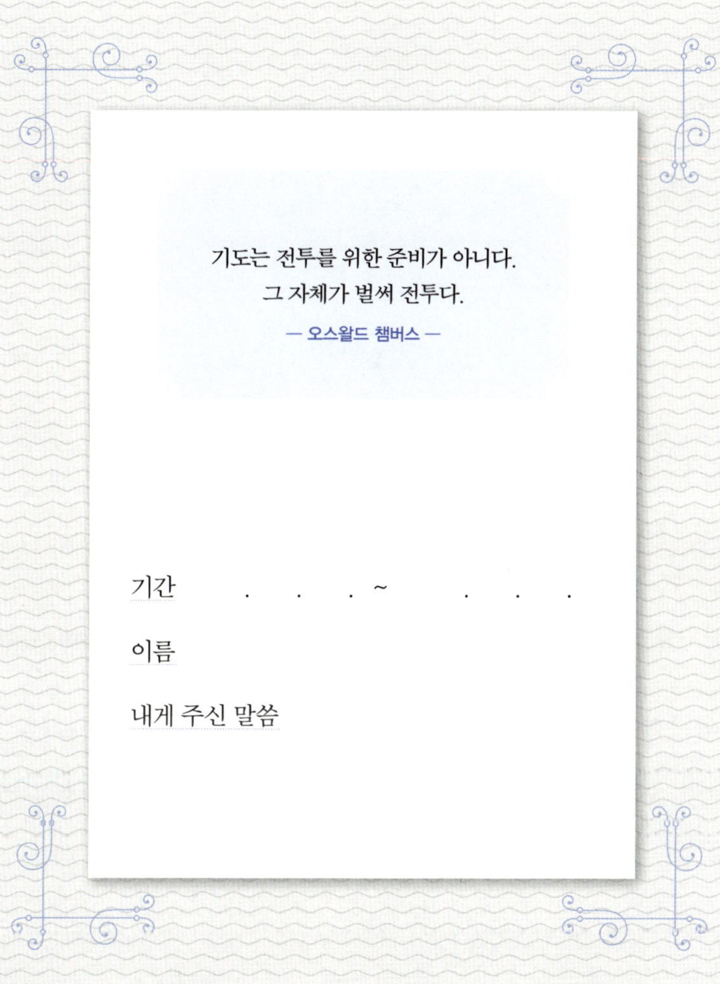

기도는 전투를 위한 준비가 아니다.
그 자체가 벌써 전투다.

— 오스왈드 챔버스 —

기간　　　．　　．　　．　~　　　．　　．　　．

이름

내게 주신 말씀

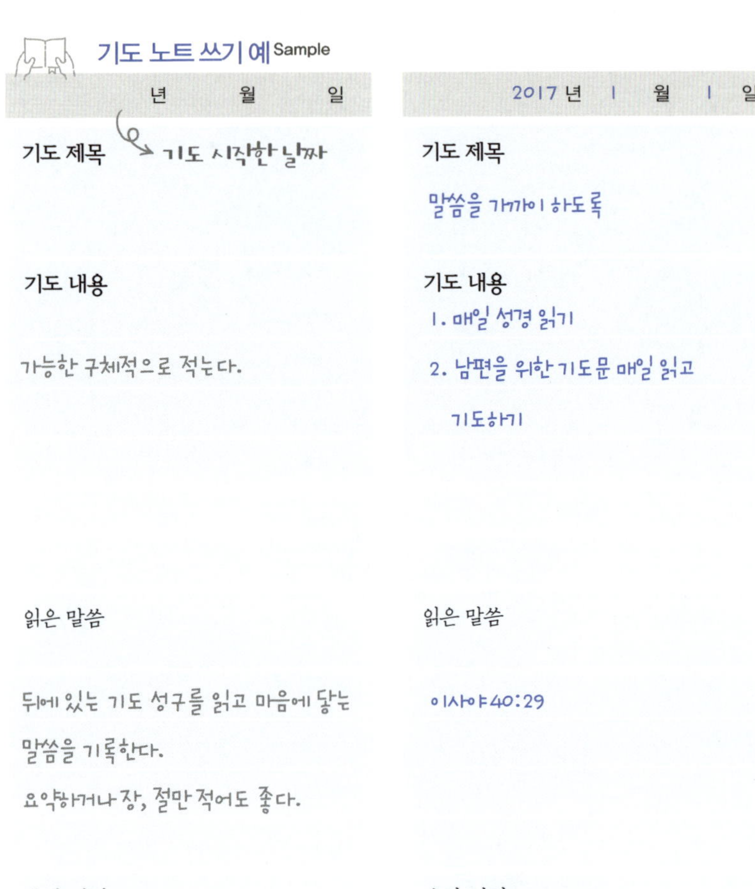

기도는 아침의 열쇠요 저녁의 자물쇠다. 빌리 그레이엄

기도 제목

○○자매 선교여행

기도 내용

1. 은혜 가운데 마치도록

2. 뮤지컬로 예수님의 사랑이

　　지역에 전파되도록

3. 많은 이가 회심하도록

읽은 말씀

두려워하지 말라 너는 내 것이라

(사 43:1)

응답 과정
매일 중보기도

응답 결과　✓ Yes　　No　　Wait

2.15. 무사히 귀국

기도 제목

5학년 남자반 부흥

기도 내용

1. 출석인원 7명

2. ○○이 출석하도록

3. 성경요절 모두 암송하기

읽은 말씀

하나님이 실로 들으셨음이여

내 기도 소리에 귀를 기울이셨도다.

(시 66:19)

응답 과정
10일 ○○이 친구들과 떡볶이 먹기

17일 ○○이 전화심방

응답 결과　✓ Yes　　No　　Wait

3.26. ○○이 교회 출석

기도는 약속을 간구하는 것이다.　존 트랩

<table>
<tr><td>년　　　월　　　일</td><td>년　　　월　　　일</td></tr>
</table>

기도 제목

기도 내용

읽은 말씀

응답 과정

응답 결과　　　Yes　　　No　　　Wait

기도 제목

기도 내용

읽은 말씀

응답 과정

응답 결과　　　Yes　　　No　　　Wait

그대의 생활이 기도가 되게 하라.　호이저

기도 제목

기도 내용

읽은 말씀

응답 과정

응답 결과   Yes   No   Wait

기도 제목

기도 내용

읽은 말씀

응답 과정

응답 결과   Yes   No   Wait

기도는 매일의 일과며 습관이며 사명이다. 찰스 H. 스펄전

기도 제목　　　　　　　　　　　　　　　**기도 제목**

기도 내용　　　　　　　　　　　　　　　**기도 내용**

읽은 말씀　　　　　　　　　　　　　　　　읽은 말씀

응답 과정　　　　　　　　　　　　　　　　응답 과정

응답 결과　　Yes　　No　　Wait　　　　응답 결과　　Yes　　No　　Wait

기도는 하나님 앞에 끊임없이 굴복하는 것이다.　사두 선다 싱

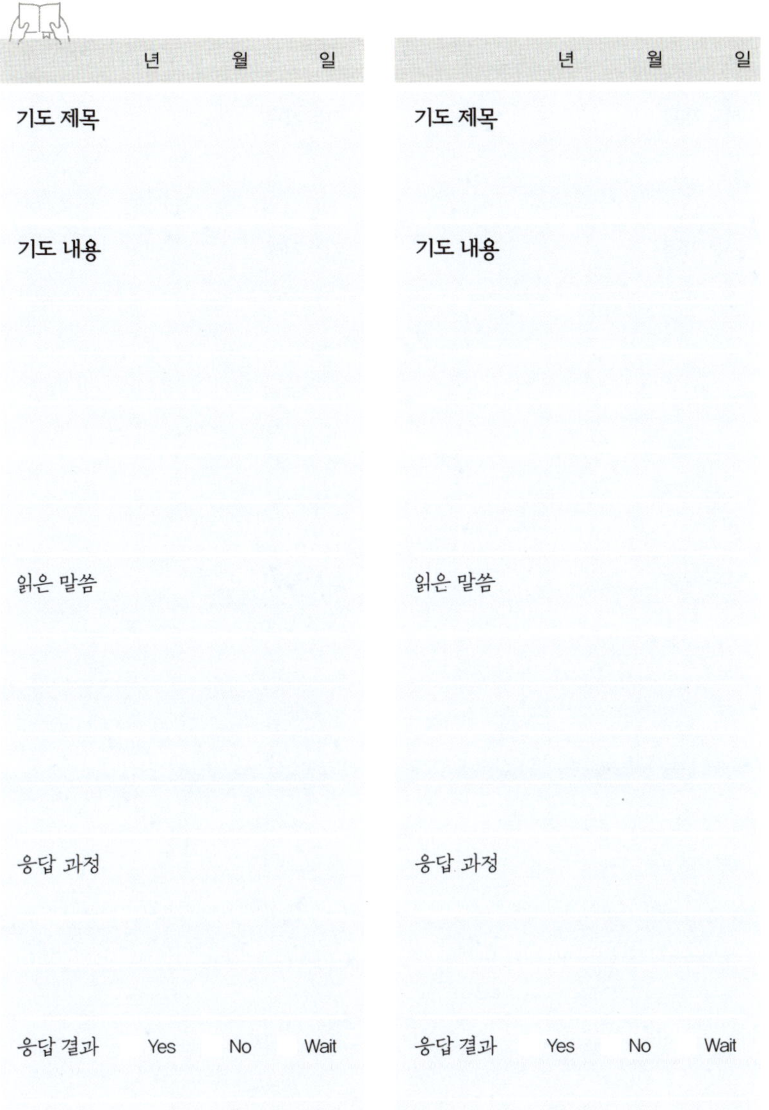

기도 제목

기도 제목

기도 내용

기도 내용

읽은 말씀

읽은 말씀

응답 과정

응답 과정

응답 결과   Yes   No   Wait

응답 결과   Yes   No   Wait

기도는 하나님의 보좌를 향해서 나아가는 마음의 노래다.   칼릴 지브란

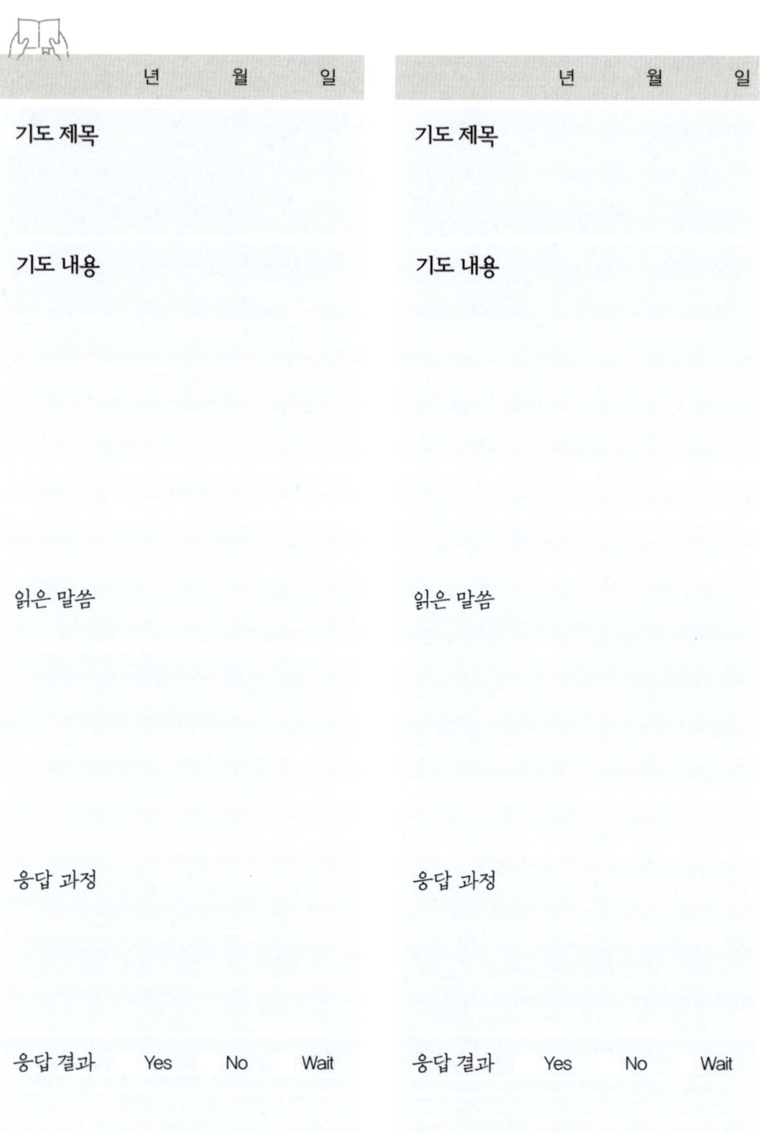

기도 제목	**기도 제목**
기도 내용	**기도 내용**
읽은 말씀	읽은 말씀
응답 과정	응답 과정
응답 결과　　Yes　　No　　Wait	응답 결과　　Yes　　No　　Wait

하나님은 세상을 기도로 조성하신다.　E. M. 바운즈

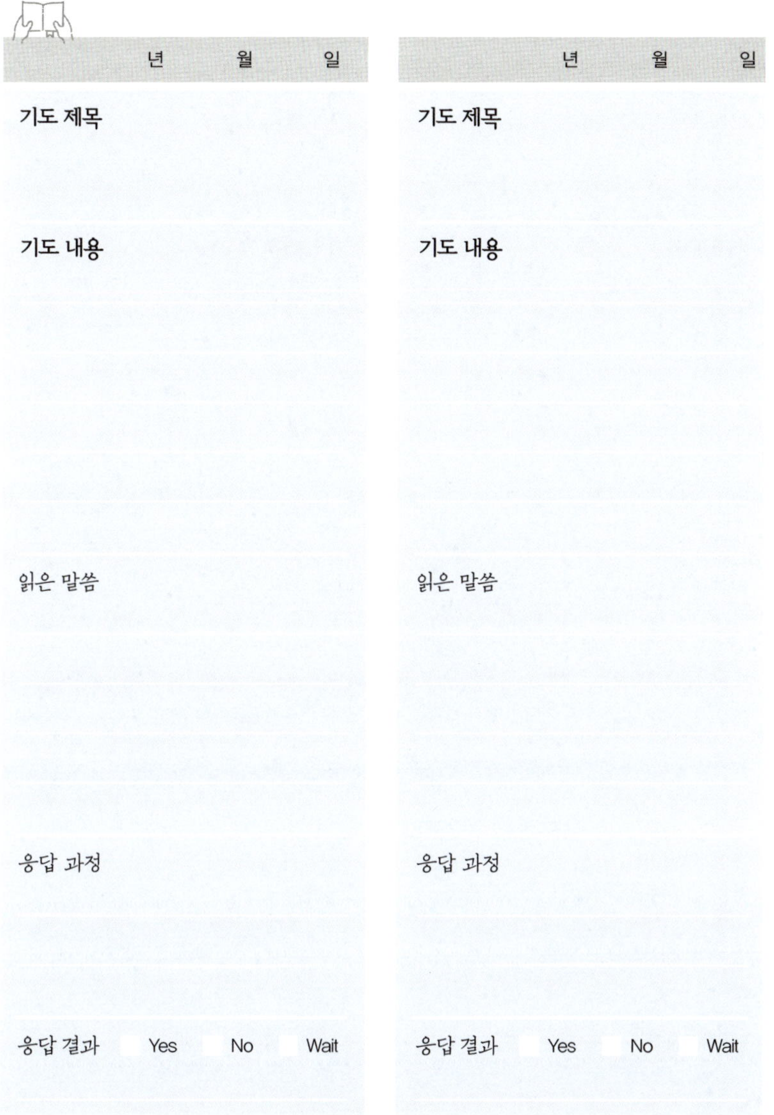

기도 제목

기도 내용

읽은 말씀

응답 과정

응답 결과   Yes   No   Wait

기도 제목

기도 내용

읽은 말씀

응답 과정

응답 결과   Yes   No   Wait

땅의 모든 것들은 사라져버릴 것이다. 그러나 기도는 영원을 붙든다.   H. 비커스테스

기도 제목

기도 제목

기도 내용

기도 내용

읽은 말씀

읽은 말씀

응답 과정

응답 과정

응답 결과   Yes   No   Wait

응답 결과   Yes   No   Wait

하나님께 위대한 일을 기대하라. 하나님을 위해 위대한 일을 도모하라.   윌리엄 캐리

기도 제목

기도 내용

읽은 말씀

응답 과정

응답 결과   Yes   No   Wait

기도 제목

기도 내용

읽은 말씀

응답 과정

응답 결과   Yes   No   Wait

기도는 부탁하는 것이 아니다. 그것은 영혼의 갈망이다.   간디

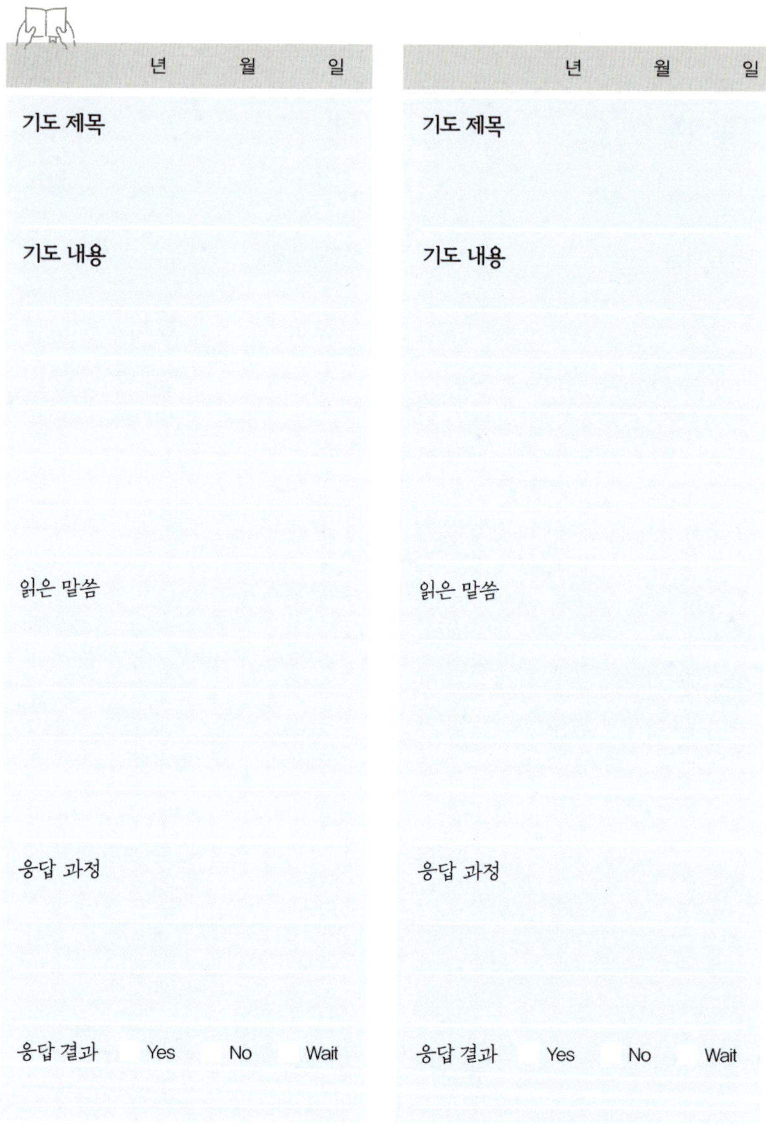

기도 제목

기도 내용

읽은 말씀

응답 과정

응답 결과   Yes   No   Wait

기도 제목

기도 내용

읽은 말씀

응답 과정

응답 결과   Yes   No   Wait

기도는 서로 사랑하는 두 인격 사이의 대화다. **로절린 링커**

기도는 사람의 영혼을 내쉬고 하나님의 영을 들이마시는 것이다. 에드윈 키스

기도 제목

기도 내용

읽은 말씀

응답 과정

응답 결과   Yes   No   Wait

기도 제목

기도 내용

읽은 말씀

응답 과정

응답 결과   Yes   No   Wait

기도란 하나님과의 깊은 사귐이다. 존 웨슬리

기도 제목

기도 내용

읽은 말씀

응답 과정

응답 결과   Yes   No   Wait

기도 제목

기도 내용

읽은 말씀

응답 과정

응답 결과   Yes   No   Wait

결코 기도하지 않는 사람들에게 언제나 기도하는 사람이 필요하다. 빅토르 위고

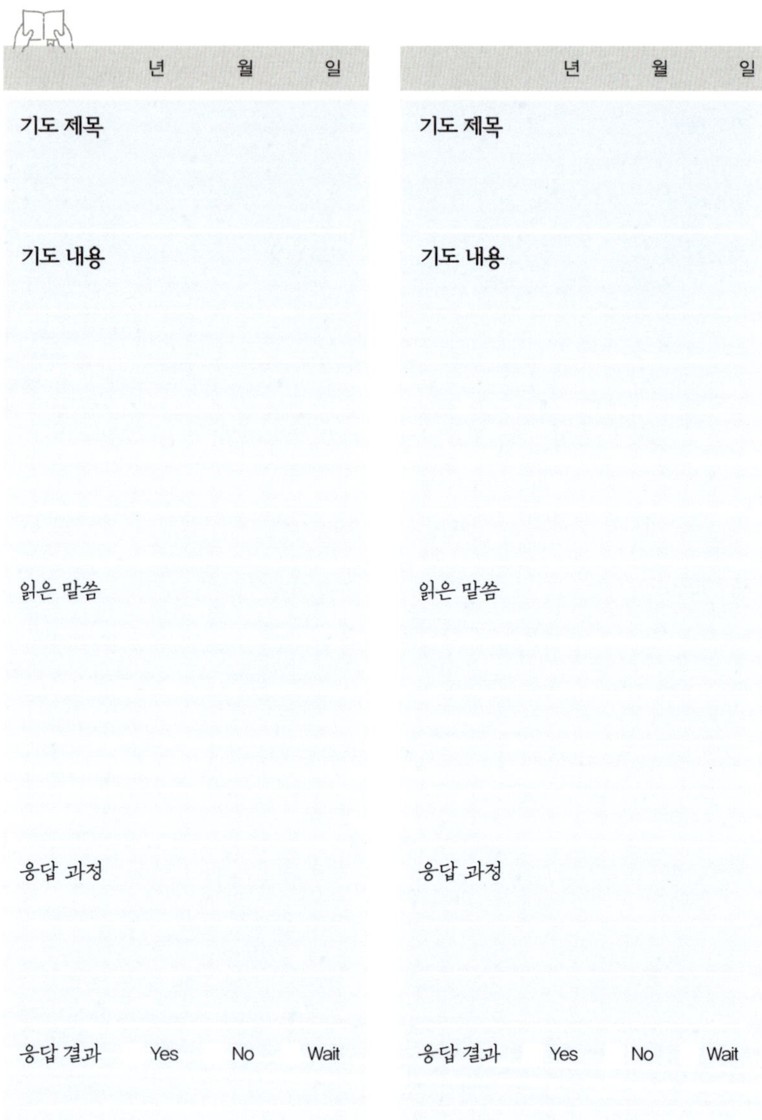

기도 제목

기도 내용

읽은 말씀

응답 과정

응답 결과   Yes   No   Wait

기도 제목

기도 내용

읽은 말씀

응답 과정

응답 결과   Yes   No   Wait

기도란 그리스도의 능력을 붙잡는 손이다. 조지 뮬러

기도 제목

기도 내용

읽은 말씀

응답 과정

응답 결과   Yes   No   Wait

기도 제목

기도 내용

읽은 말씀

응답 과정

응답 결과   Yes   No   Wait

우리 능력은 한계를 느끼나 하나님의 능력이 한계에 도달하는 일은 없다.   허드슨 테일러

기도 제목

기도 내용

읽은 말씀

응답 과정

응답 결과   Yes   No   Wait

기도 제목

기도 내용

읽은 말씀

응답 과정

응답 결과   Yes   No   Wait

기도는 감옥을 하늘의 입구로 바꾸기도 한다. R. A. 토레이

기도 제목

기도 내용

읽은 말씀

응답 과정

응답 결과   Yes   No   Wait

기도 제목

기도 내용

읽은 말씀

응답 과정

응답 결과   Yes   No   Wait

하나님이 하실 일은 그의 능력을 보이는 것이요, 우리의 할 일은 믿음을 보이는 것이다.

앤드류 보나르

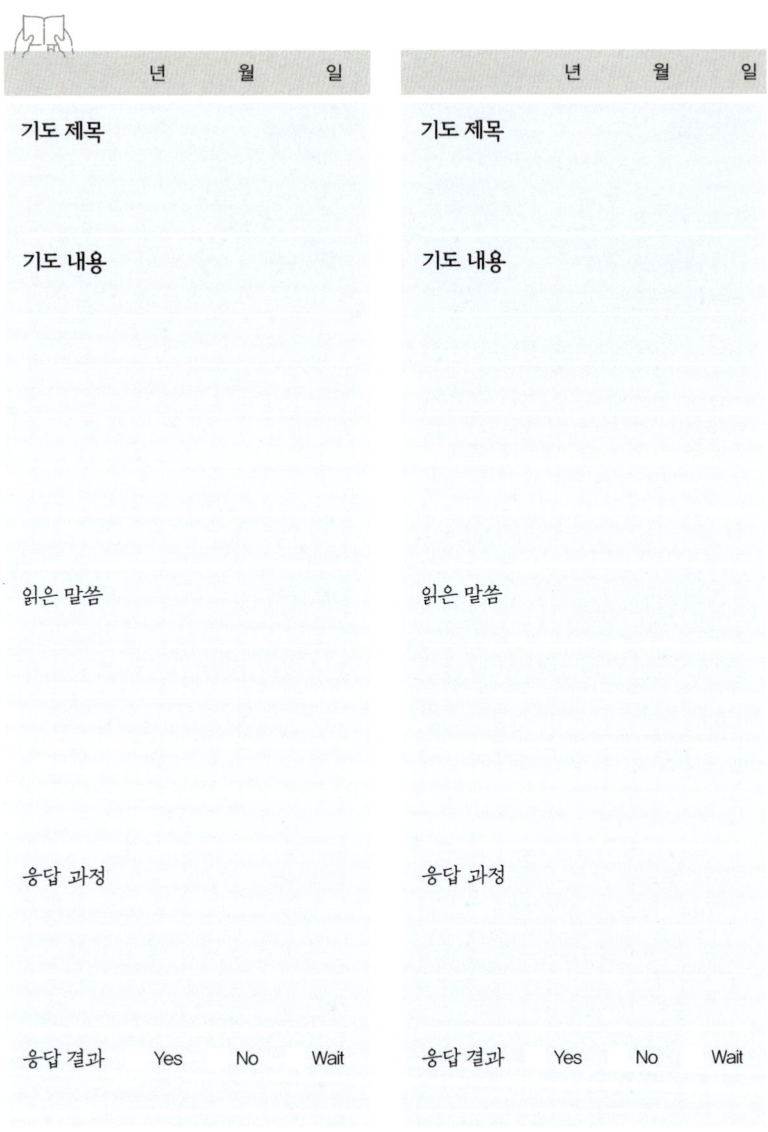

기도 제목

기도 내용

읽은 말씀

응답 과정

응답 결과   Yes   No   Wait

기도 제목

기도 내용

읽은 말씀

응답 과정

응답 결과   Yes   No   Wait

기도는 영혼의 방패요, 하나님께 드리는 제물이며, 사탄을 향한 채찍이다. 존 번연

기도 제목

기도 내용

읽은 말씀

응답 과정

응답 결과   Yes   No   Wait

기도 제목

기도 내용

읽은 말씀

응답 과정

응답 결과   Yes   No   Wait

기도는 주님의 현존을 체험하는 것이다.   미상

기도 제목

기도 내용

읽은 말씀

응답 과정

응답 결과   Yes   No   Wait

기도 제목

기도 내용

읽은 말씀

응답 과정

응답 결과   Yes   No   Wait

시작이 반이다. 그러나 기도 없이 시작된 일은 결코 좋은 시작일 수 없다.   펜스 하우

기도 제목

기도 내용

읽은 말씀

응답 과정

응답 결과   Yes   No   Wait

기도 제목

기도 내용

읽은 말씀

응답 과정

응답 결과   Yes   No   Wait

믿음이 없는 기도는 열매도 없다. 토마스 왓슨

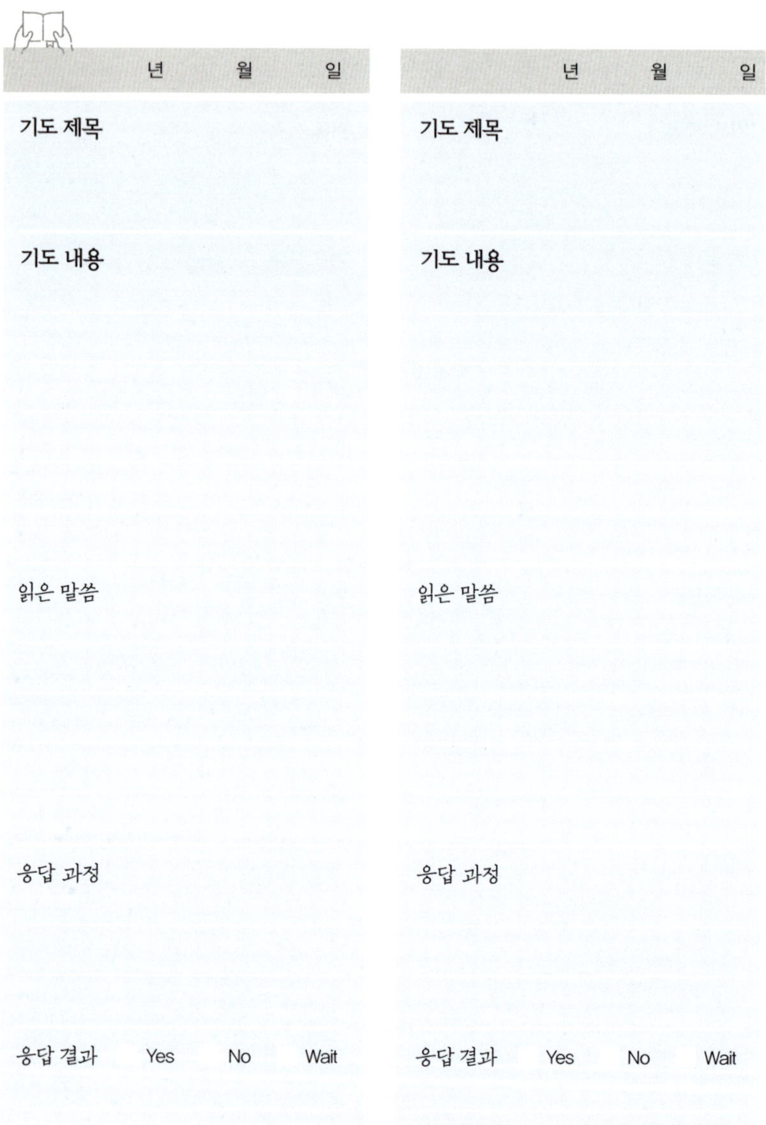

<table>
<tr><td>년　월　일</td><td>년　월　일</td></tr>
</table>

기도 제목	기도 제목

기도 내용	기도 내용

읽은 말씀	읽은 말씀

응답 과정	응답 과정

응답 결과　Yes　No　Wait	응답 결과　Yes　No　Wait

기도는 우리가 이미 가진 힘에 능력을 더하는 수단이다.　해리 T. 스톡

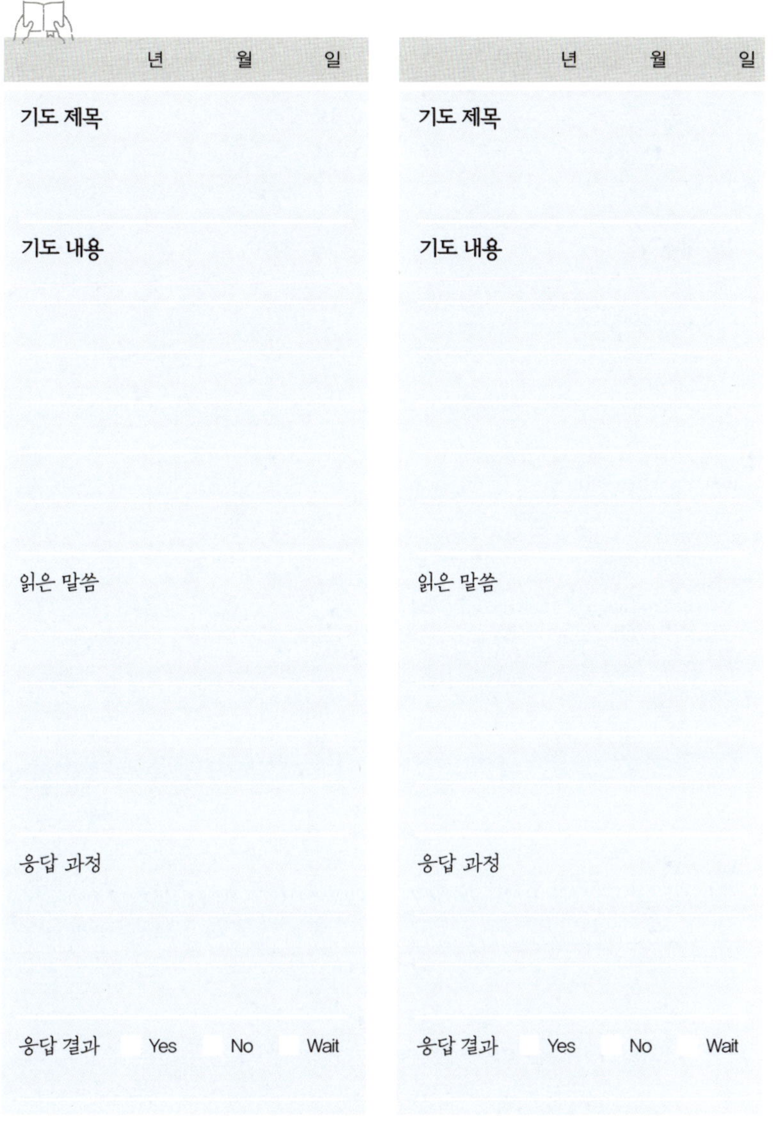

<table>
<tr><td>년　　　월　　　일</td><td>년　　　월　　　일</td></tr>
<tr><td>기도 제목</td><td>기도 제목</td></tr>
<tr><td>기도 내용</td><td>기도 내용</td></tr>
<tr><td>읽은 말씀</td><td>읽은 말씀</td></tr>
<tr><td>응답 과정</td><td>응답 과정</td></tr>
<tr><td>응답 결과　　Yes　　No　　Wait</td><td>응답 결과　　Yes　　No　　Wait</td></tr>
</table>

기도하지 않고 성공했다면 성공한 그것 때문에 망한다.　찰스 H. 스펄전

기도 제목   **기도 제목**

기도 내용   **기도 내용**

읽은 말씀   읽은 말씀

응답 과정   응답 과정

응답 결과   Yes   No   Wait   응답 결과   Yes   No   Wait

기도의 응답이 지연되는 것과 거절당하는 것을 구별해야 한다. 토머스 브룩스

기도 제목

기도 내용

읽은 말씀

응답 과정

응답 결과   Yes   No   Wait

기도 제목

기도 내용

읽은 말씀

응답 과정

응답 결과   Yes   No   Wait

하루 중 최상의 시간을 하나님과의 교제를 위해 할애하라. 테일러

기도 제목

기도 내용

읽은 말씀

응답 과정

응답 결과   Yes   No   Wait

기도 제목

기도 내용

읽은 말씀

응답 과정

응답 결과   Yes   No   Wait

하나님과 나누는 고요한 시간은 생애 전체와 맞바꿀 만한 가치가 있다. 로버트 머리 맥체인

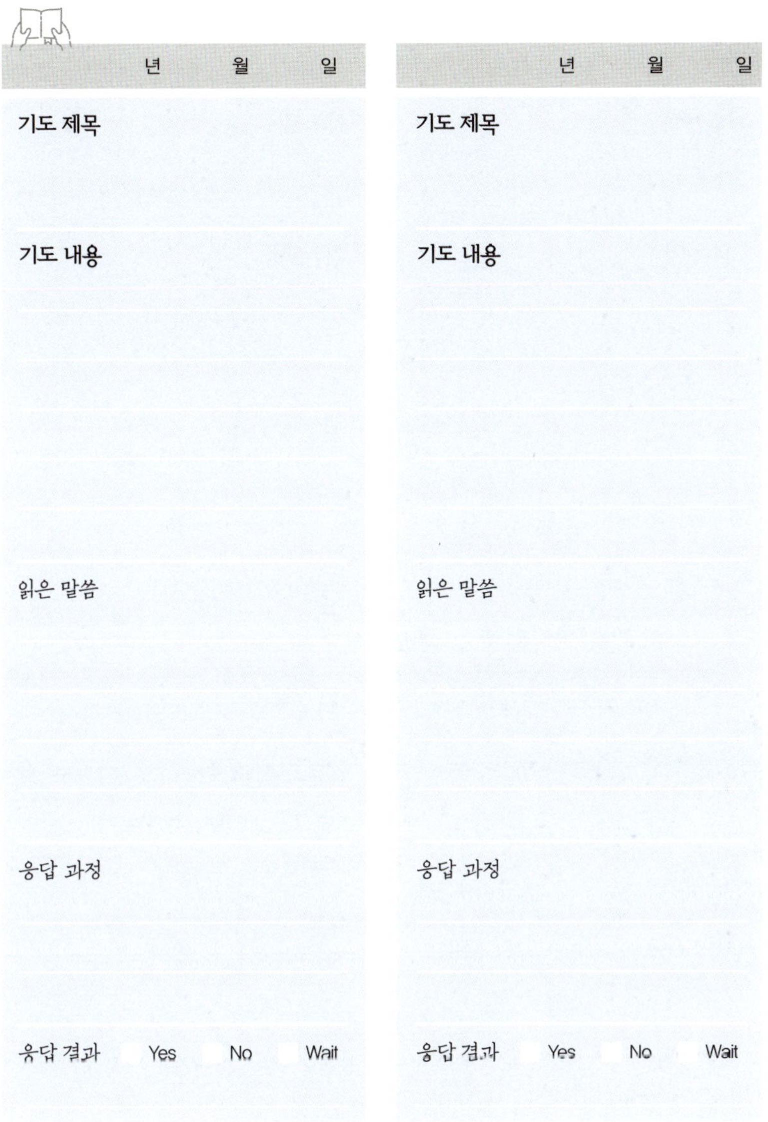

기도하는 한 사람이 기도하지 않는 한 민족보다 강하다. 존 녹스

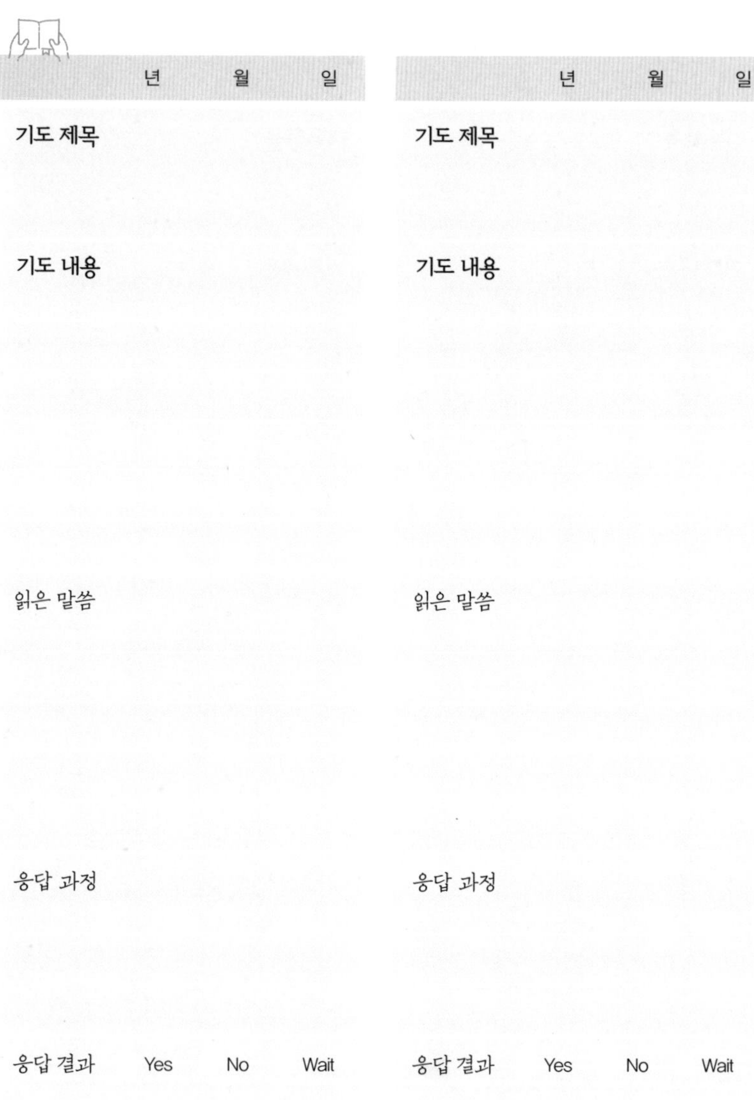

<table>
<tr><td>년　월　일</td><td>년　월　일</td></tr>
</table>

기도 제목

기도 내용

읽은 말씀

응답 과정

응답 결과　Yes　No　Wait

기도 제목

기도 내용

읽은 말씀

응답 과정

응답 결과　Yes　No　Wait

당신도 쉬지 말며, 여호와께서도 쉬지 못하시게 하라.　데이비드 브라이언트

기도 제목

기도 내용

읽은 말씀

응답 과정

응답 결과   Yes   No   Wait

기도 제목

기도 내용

읽은 말씀

응답 과정

응답 결과   Yes   No   Wait

가슴 없는 말보다는 말 없는 가슴으로 기도하는 것이 더 효과적이다. 존 번연

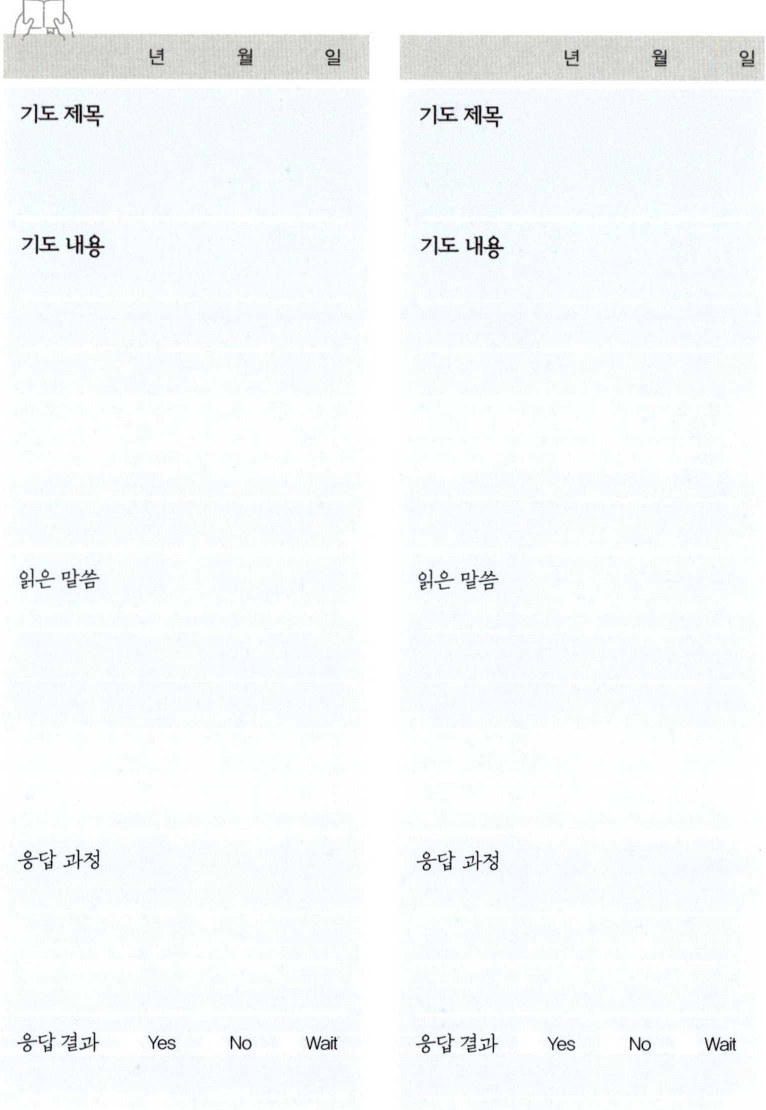

기도는 하나님의 승리를 열렬하게 원하고 바라고 소원하는 삶이다. 조지 캠벨 모건

기도 제목

기도 내용

읽은 말씀

응답 과정

응답 결과   Yes   No   Wait

기도 제목

기도 내용

읽은 말씀

응답 과정

응답 결과   Yes   No   Wait

당신의 희망이 무너지고 기쁨이 거꾸러졌을 때 가장 좋은 방법은 무릎을 꿇는 것이다.
찰스 H. 스펄전

기도 제목

기도 내용

읽은 말씀

응답 과정

응답 결과   Yes   No   Wait

기도 제목

기도 내용

읽은 말씀

응답 과정

응답 결과   Yes   No   Wait

옷을 만드는 것은 재단사의 일이고, 구두를 수선하는 것은 구두장이의 일이고, 기도하는 것은 그리스도인의 일이다.   E. M. 바운즈

기도 제목

기도 내용

읽은 말씀

응답 과정

응답 결과   Yes   No   Wait

기도 제목

기도 내용

읽은 말씀

응답 과정

응답 결과   Yes   No   Wait

기도는 하나님의 은혜와 능력이 가득 쌓여 있는 창고문을 여는 열쇠다. 대천덕

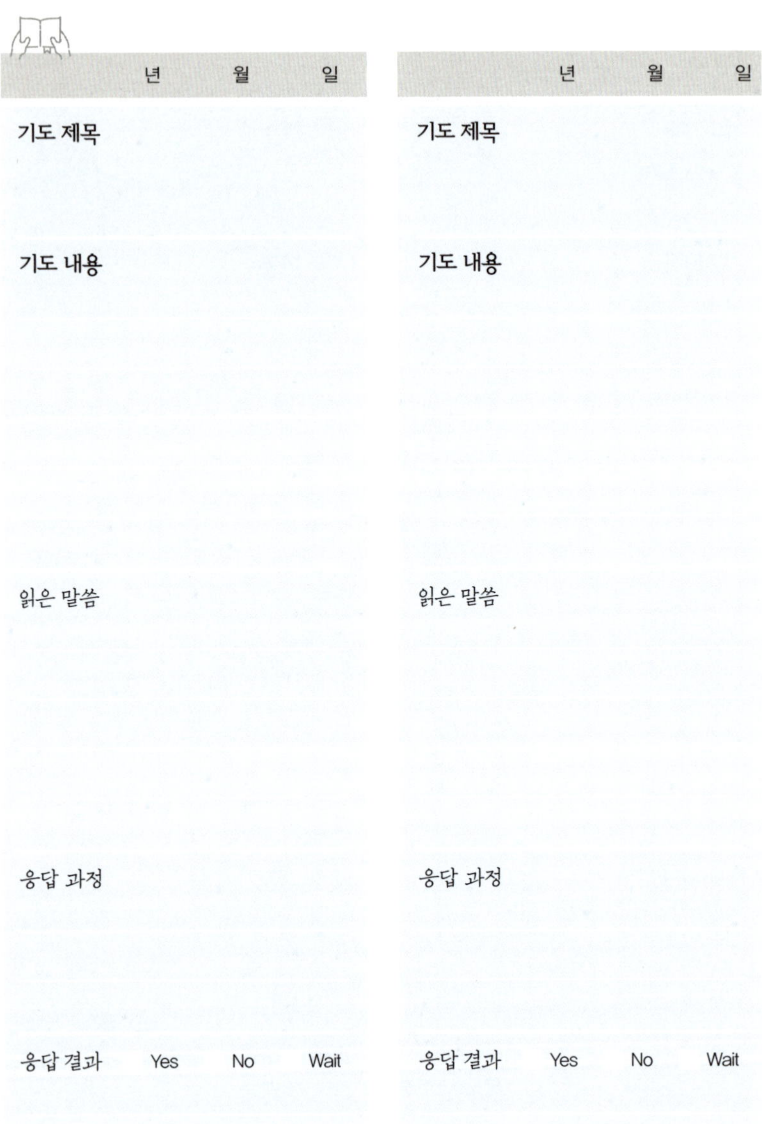

<table>
<tr><td>년　월　일</td><td>년　월　일</td></tr>
<tr><td>기도 제목</td><td>기도 제목</td></tr>
<tr><td>기도 내용</td><td>기도 내용</td></tr>
<tr><td>읽은 말씀</td><td>읽은 말씀</td></tr>
<tr><td>응답 과정</td><td>응답 과정</td></tr>
<tr><td>응답 결과　　Yes　　No　　Wait</td><td>응답 결과　　Yes　　No　　Wait</td></tr>
</table>

두 손을 모으는 것은 세상을 새롭게 하는 생동의 시작이다. 칼 바르트

기도 제목

기도 내용

읽은 말씀

응답 과정

응답 결과   Yes   No   Wait

기도 제목

기도 내용

읽은 말씀

응답 과정

응답 결과   Yes   No   Wait

진정한 기도는 입술의 말이 아니라 마음 자세에 있다. 어니스트 티틀

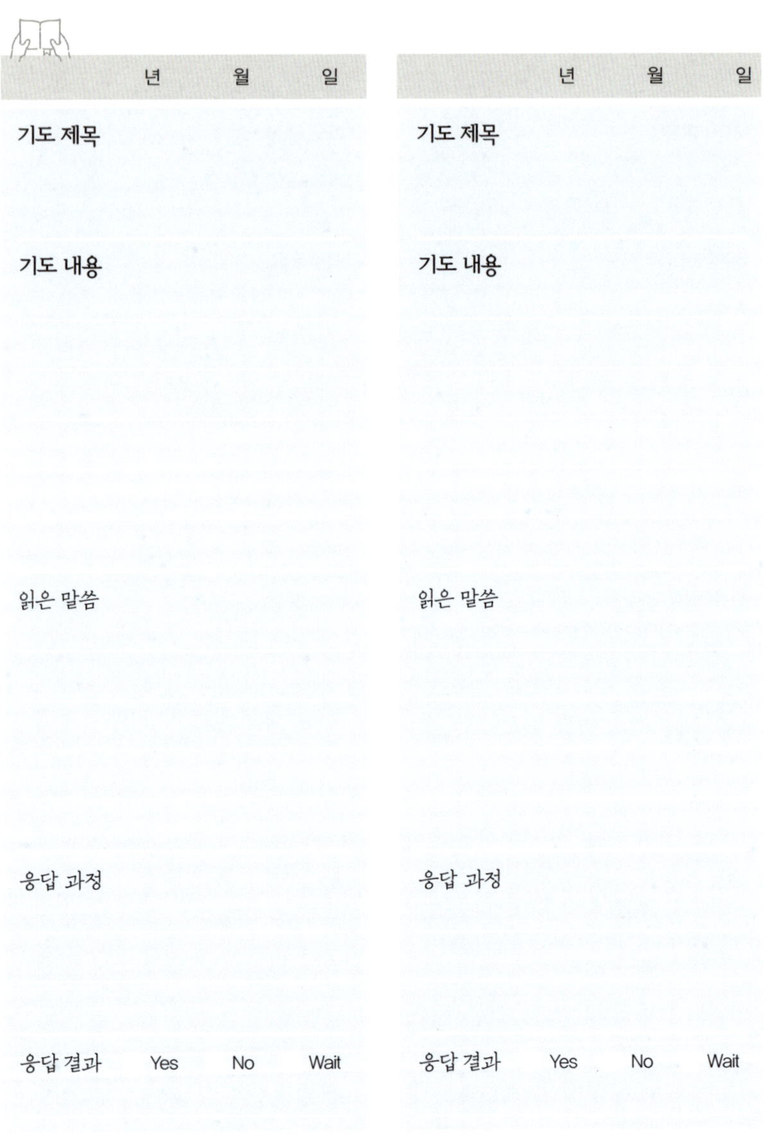

<table>
<tr><td>년　　　월　　　일</td><td>년　　　월　　　일</td></tr>
</table>

기도 제목	**기도 제목**
기도 내용	**기도 내용**
읽은 말씀	읽은 말씀
응답 과정	응답 과정
응답 결과　　Yes　　No　　Wait	응답 결과　　Yes　　No　　Wait

그의 은혜와 능력은 심히 커서 아무리 구해도 다함이 없다.　존 뉴턴

기도 제목

기도 내용

읽은 말씀

응답 과정

응답 결과   Yes   No   Wait

기도 제목

기도 내용

읽은 말씀

응답 과정

응답 결과   Yes   No   Wait

중요한 것은 우리가 하나님을 위해 하는 일이 아니라 하나님께서 우리를 통해 하시는 일이다.
오스왈드 챔버스

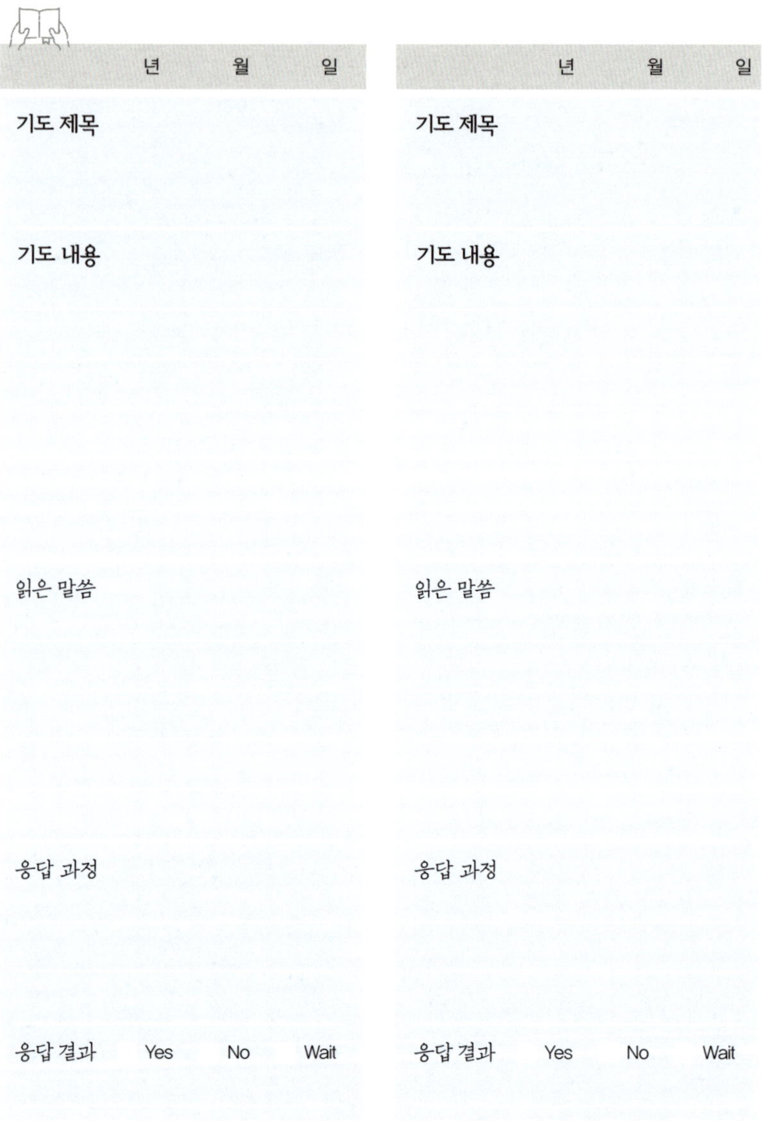

기도는 하나님을 바꾸지 않고 기도하는 사람을 바꾼다. 키르케고르

기도 제목

기도 내용

읽은 말씀

응답 과정

응답 결과　　　Yes　　　No　　　Wait

년   월   일

기도 제목

기도 내용

읽은 말씀

응답 과정

응답 결과　　　Yes　　　No　　　Wait

하나님은 기도하지 않는 사람들로 인해 애를 태우신다.　무디

기도 제목

기도 내용

읽은 말씀

응답 과정

응답 결과   Yes   No   Wait

기도 제목

기도 내용

읽은 말씀

응답 과정

응답 결과   Yes   No   Wait

말을 적게 할수록 기도를 많이 하게 된다. 마르틴 루터

기도 제목

기도 내용

읽은 말씀

응답 과정

응답 결과   Yes   No   Wait

년   월   일

기도 제목

기도 내용

읽은 말씀

응답 과정

응답 결과   Yes   No   Wait

기도는 어둠 속에서 하나님을 볼 수 있는 거울이다. 빌리 그레이엄

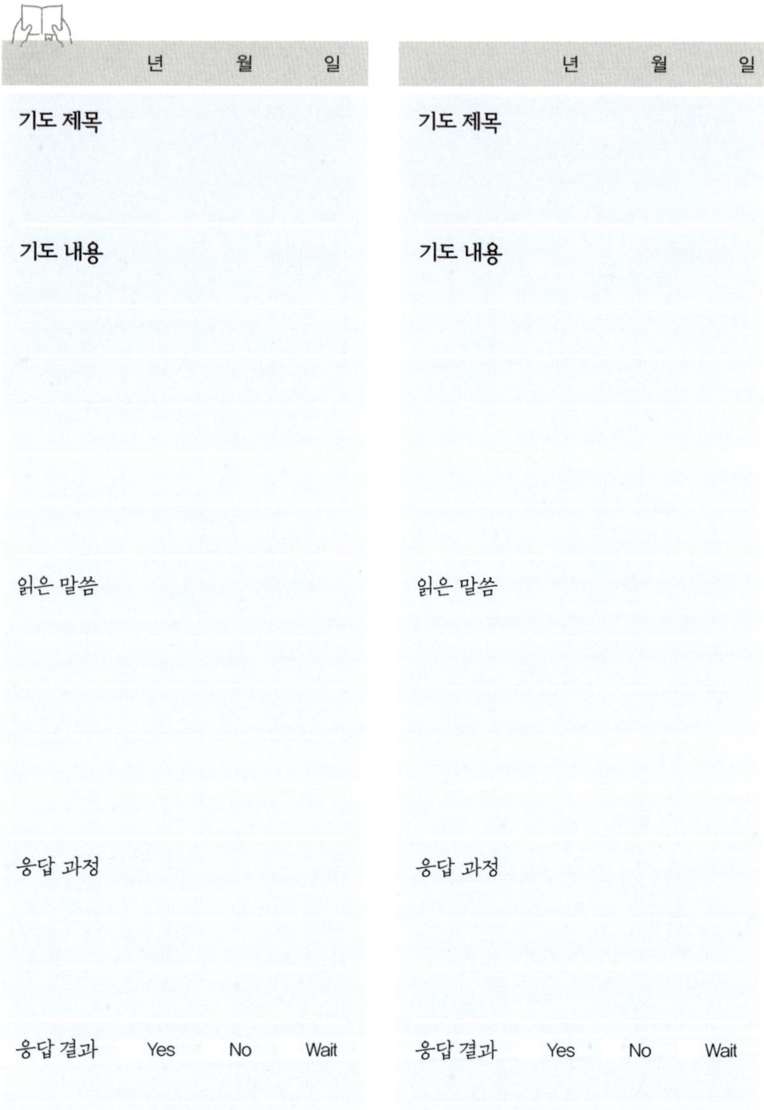

<table>
<tr><td>년 월 일</td><td>년 월 일</td></tr>
</table>

기도 제목	**기도 제목**
기도 내용	**기도 내용**
읽은 말씀	읽은 말씀
응답 과정	응답 과정
응답 결과 　Yes　No　Wait	응답 결과 　Yes　No　Wait

무릎을 꿇은 그리스도인은 발돋움을 한 천문학자보다 더 멀리 본다. A. 토플레디

기도 제목

기도 내용

읽은 말씀

응답 과정

응답 결과   Yes   No   Wait

기도 제목

기도 내용

읽은 말씀

응답 과정

응답 결과   Yes   No   Wait

기도할 때는, 모든 것이 하나님께 달려 있는 것처럼 간절히 기도하라. 그리고 나서 일할 때는, 모든 것이 당신에게 달려 있는 것처럼 최선을 다해 일하라. **마르틴 루터**

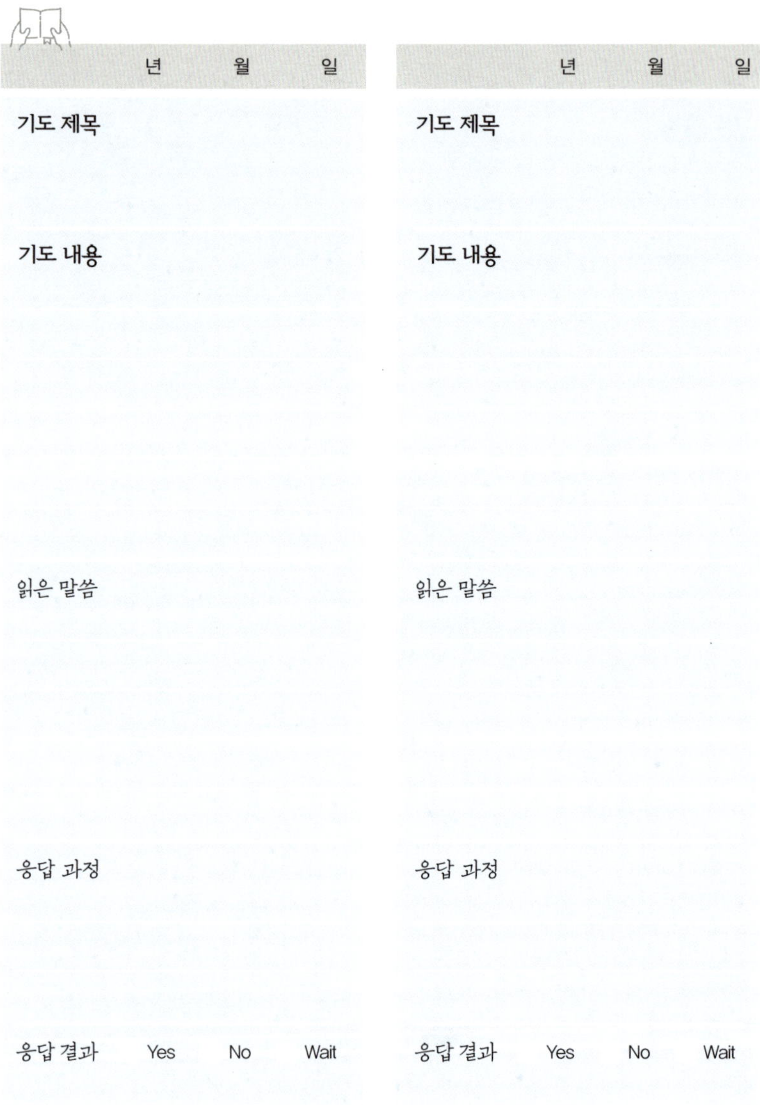

<table>
<tr><td>년 월 일</td><td>년 월 일</td></tr>
<tr><td>기도 제목</td><td>기도 제목</td></tr>
<tr><td>기도 내용</td><td>기도 내용</td></tr>
<tr><td>읽은 말씀</td><td>읽은 말씀</td></tr>
<tr><td>응답 과정</td><td>응답 과정</td></tr>
<tr><td>응답 결과　Yes　No　Wait</td><td>응답 결과　Yes　No　Wait</td></tr>
</table>

기도는 하늘에 계신 아버지의 품 안에서 영혼이 호흡하는 것이다.　토머스 왓슨

기도 제목

기도 내용

읽은 말씀

응답 과정

응답 결과　　Yes　　No　　Wait

기도 제목

기도 내용

읽은 말씀

응답 과정

응답 결과　　Yes　　No　　Wait

하나님께서 당신의 기도를 들어주시기를 바란다면, 그분이 말씀하실 때 들어야 한다.　필립 브룩스

기도 제목

기도 내용

읽은 말씀

응답 과정

응답 결과   Yes   No   Wait

기도 제목

기도 내용

읽은 말씀

응답 과정

응답 결과   Yes   No   Wait

제게 기도를 가르쳐주십시오. 당신이 직접 제 안에서 기도해주십시오. 프랑수아 페늘롱

기도 제목

기도 내용

읽은 말씀

응답 과정

응답 결과   Yes   No   Wait

년   월   일

기도 제목

기도 내용

읽은 말씀

응답 과정

응답 결과   Yes   No   Wait

응답받을 기도가 되려면 하나님의 뜻과 마음의 간결함이 조화를 이루어야 한다. 존 트랩

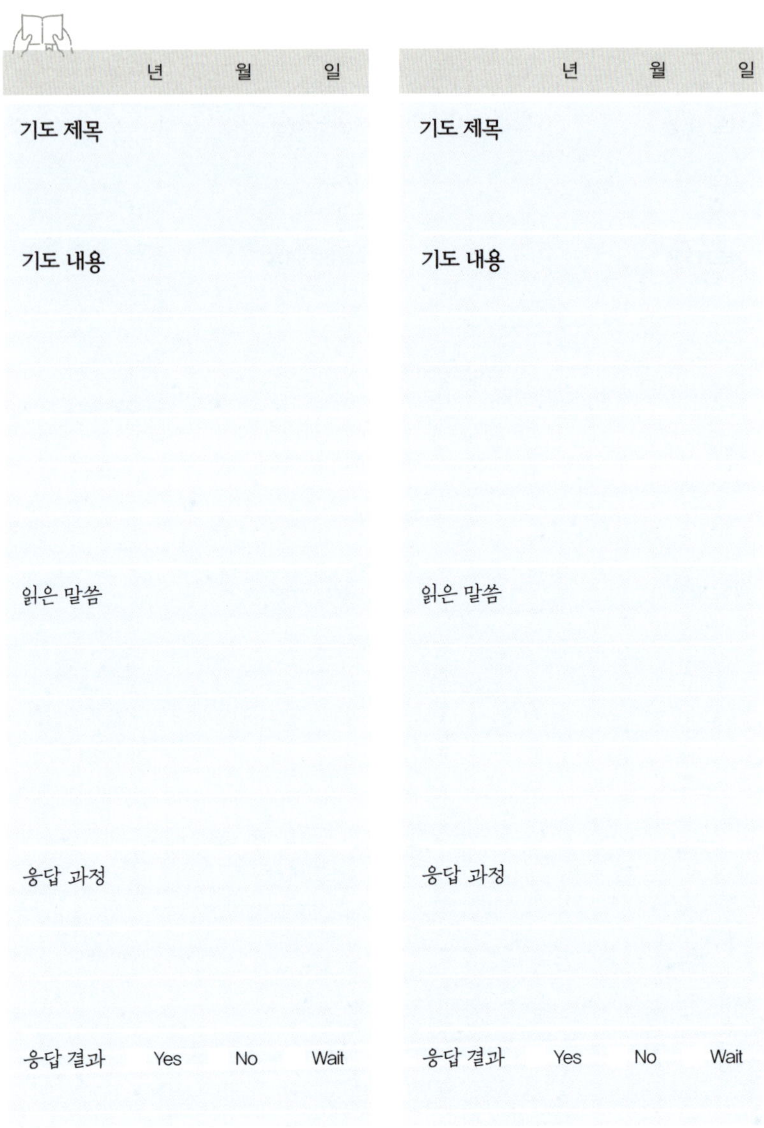

<table>
<tr><td>년　　월　　일</td><td>년　　월　　일</td></tr>
</table>

기도 제목

기도 내용

읽은 말씀

응답 과정

응답 결과　　Yes　　No　　Wait

기도 제목

기도 내용

읽은 말씀

응답 과정

응답 결과　　Yes　　No　　Wait

기도하지 않는 사람은 뿌리 없는 나무와 같다.　교황 피우스 12세

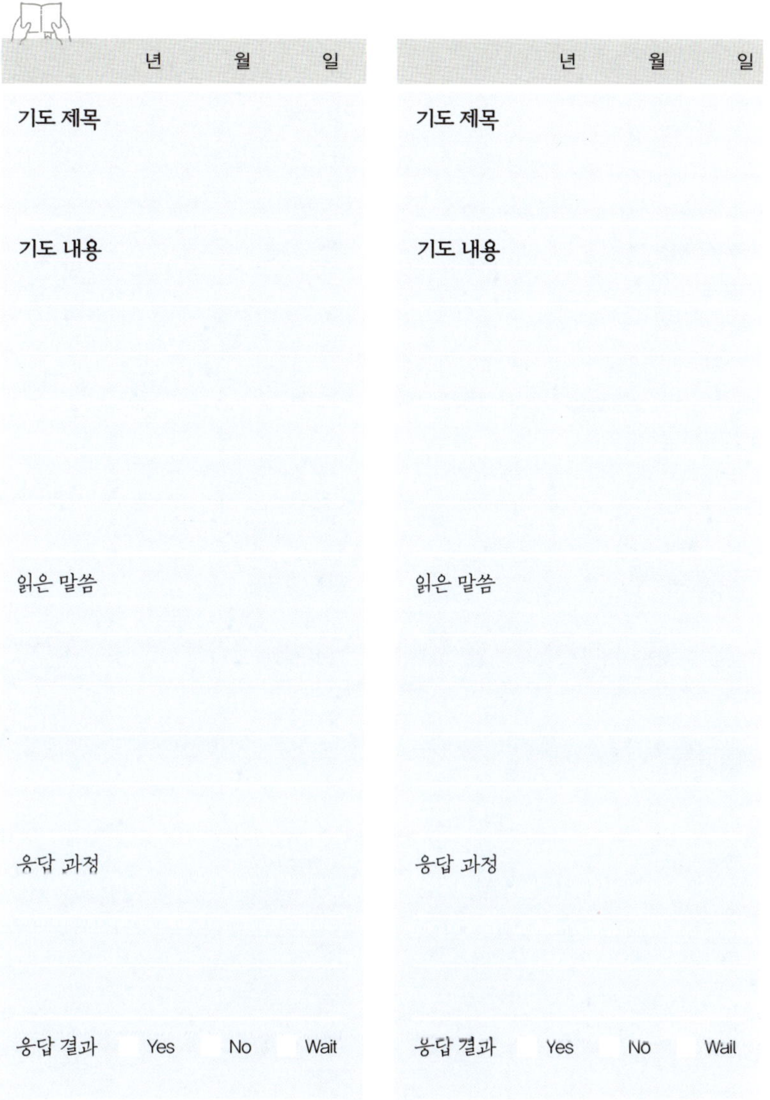

기도는 아침의 열쇠요 저녁의 자물쇠다. 빌리 그레이엄

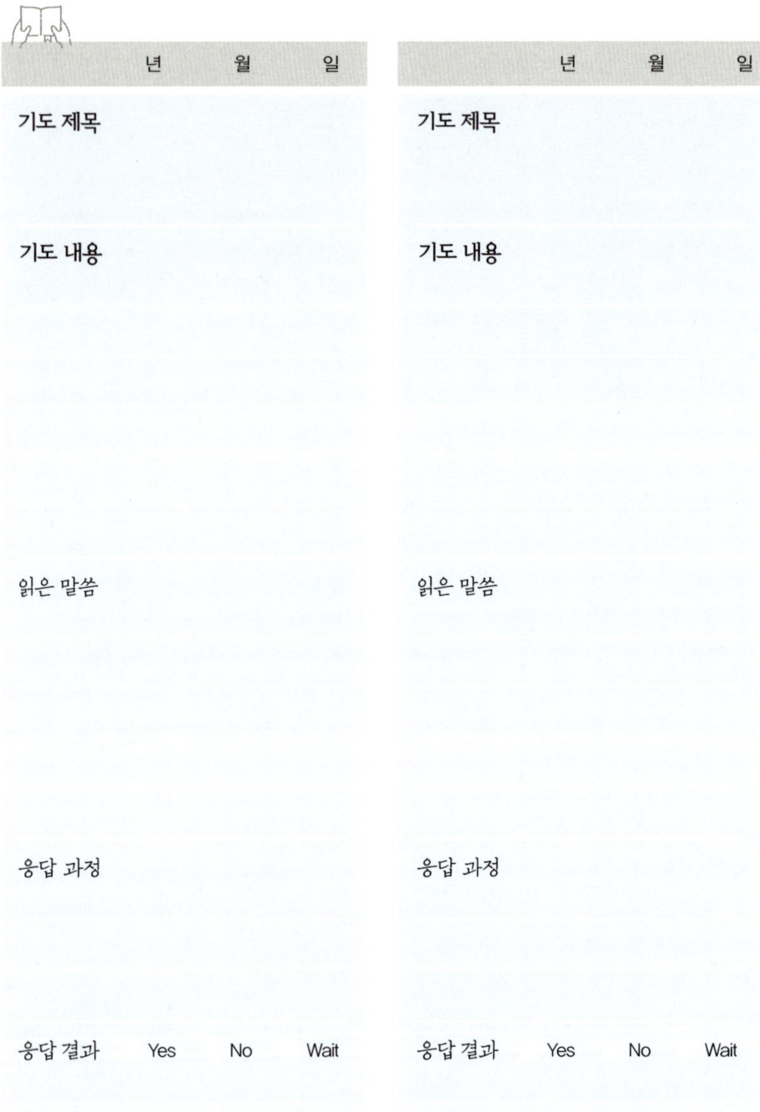

<table>
<tr><td>년　　　월　　　일</td><td>년　　　월　　　일</td></tr>
</table>

기도 제목

기도 내용

읽은 말씀

응답 과정

응답 결과　　Yes　　No　　Wait

기도 제목

기도 내용

읽은 말씀

응답 과정

응답 결과　　Yes　　No　　Wait

기도란 외로운 독백이 아니요, 다정한 담화다.　모랜드

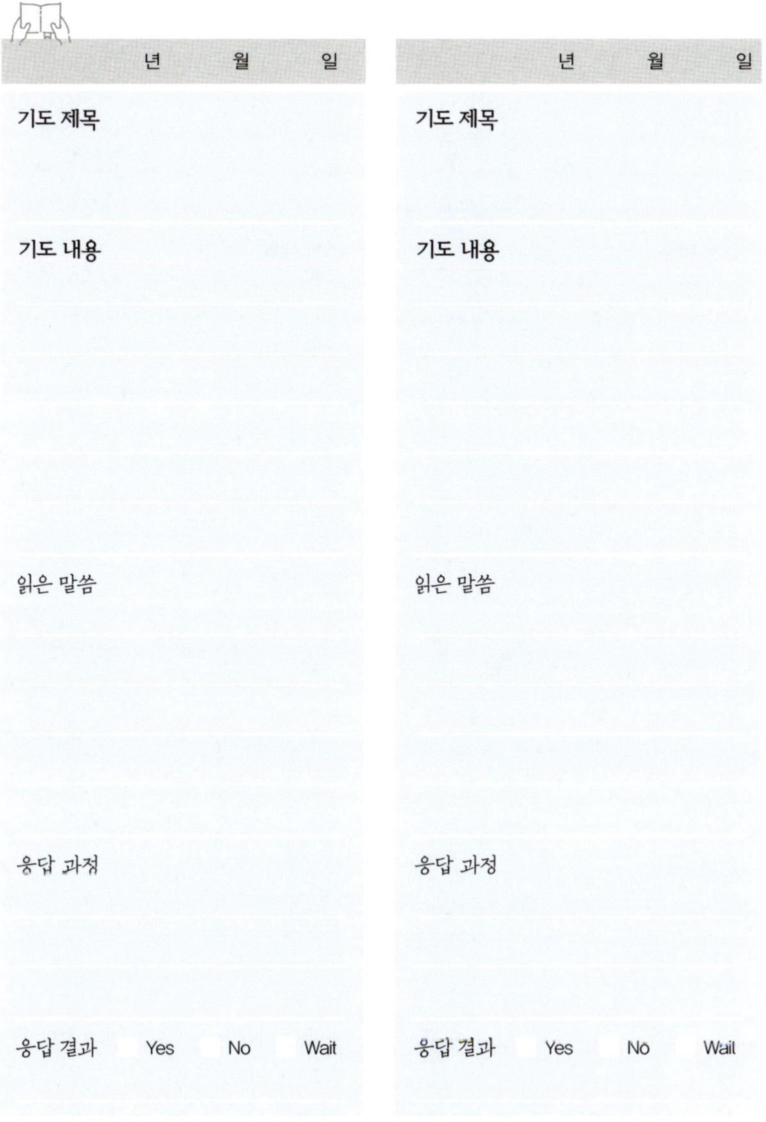

기도란 우리가 어둠 속에서 하나님을 볼 수 있는 거울이다.   헵벨

기도 제목　　　　　　　　　　　　　　　　기도 제목

기도 내용　　　　　　　　　　　　　　　　기도 내용

읽은 말씀　　　　　　　　　　　　　　　　읽은 말씀

응답 과정　　　　　　　　　　　　　　　　응답 과정

응답 결과　　Yes　　No　　Wait　　　　응답 결과　　Yes　　No　　Wait

기도란 하나님의 영향권 안에 들어가는 것이다.　포스딕

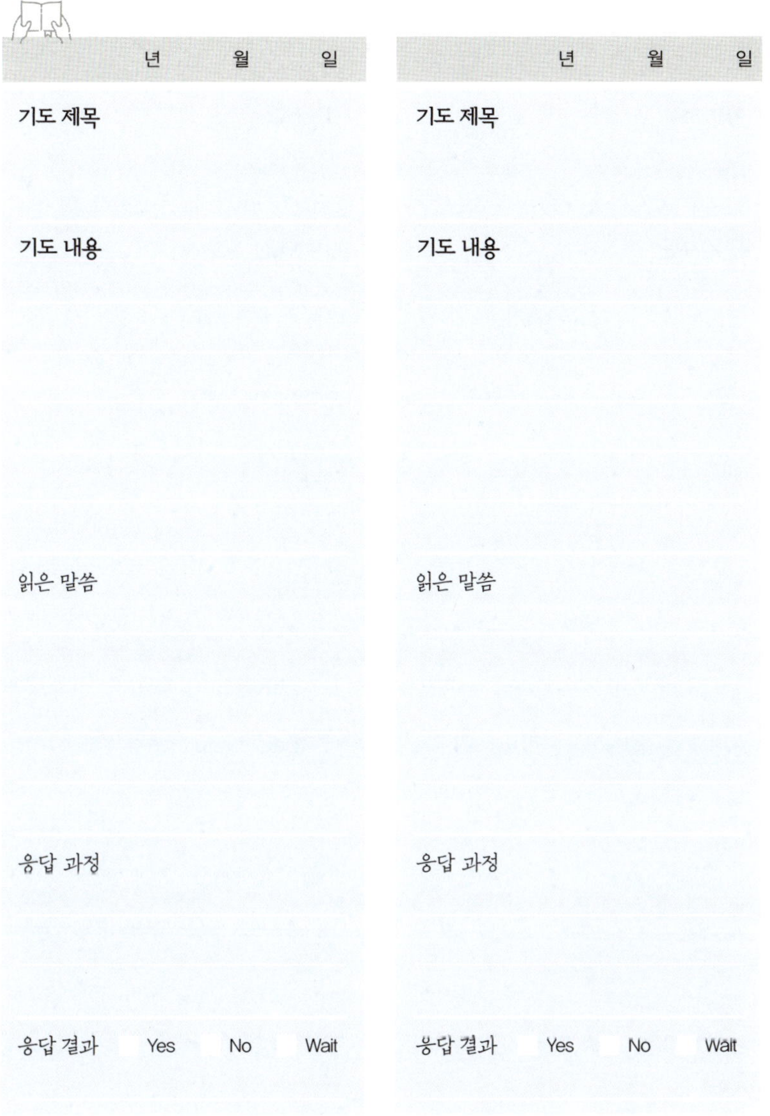

기도로 시작하지 않는 사람은 평안을 맛보지 못할 것이다. 존 플라벨

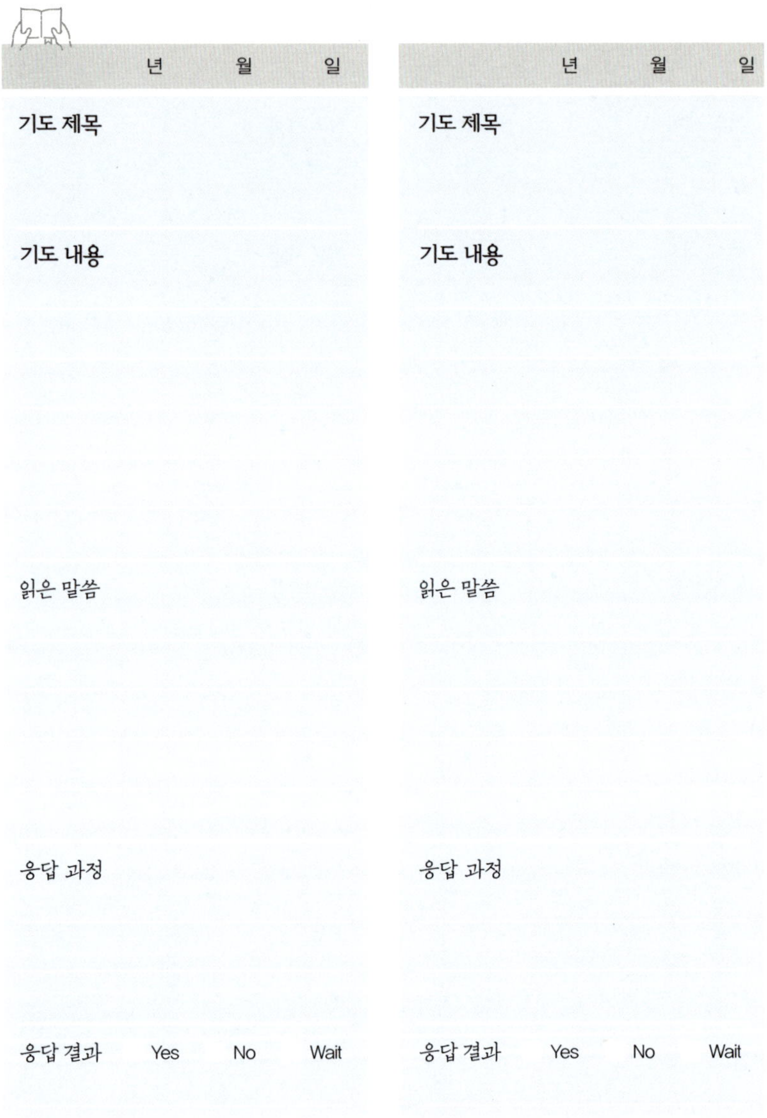

기도를 게을리한 자는 결코 승자가 될 수 없다. 로버트

기도 제목

기도 내용

읽은 말씀

응답 과정

응답 결과   Yes   No   Wait

기도 제목

기도 내용

읽은 말씀

응답 과정

응답 결과   Yes   No   Wait

기도란 갓 태어난 영혼의 숨결과 같으며, 그것 없이 그리스도인의 생애는 존재할 수 없다. 힐

기도 제목

기도 내용

읽은 말씀

응답 과정

응답 결과   Yes   No   Wait

기도 제목

기도 내용

읽은 말씀

응답 과정

응답 결과   Yes   No   Wait

하늘이 무너질 때 두 손을 모으라. 스페인 격언

년 　 월 　 일

기도 제목

기도 내용

읽은 말씀

응답 과정

응답 결과　　Yes　　No　　Wait

년 　 월 　 일

기도 제목

기도 내용

읽은 말씀

응답 과정

응답 결과　　Yes　　No　　Wait

인간은 하나님 앞에 무릎으로 서 있는 존재다.　로버트 머리 맥체인

<table>
<tr><td>년　　　월　　　일</td><td>년　　　월　　　일</td></tr>
</table>

기도 제목

기도 내용

읽은 말씀

응답 과정

응답 결과　　Yes　　No　　Wait

기도 제목

기도 내용

읽은 말씀

응답 과정

응답 결과　　Yes　　No　　Wait

감사한 마음을 하늘로 올려드리는 것이야말로 가장 완벽한 기도다.　갓필드 레싱

년 월 일

기도 제목

기도 내용

읽은 말씀

응답 과정

응답 결과 ☐ Yes ☐ No ☐ Wait

년 월 일

기도 제목

기도 내용

읽은 말씀

응답 과정

응답 결과 ☐ Yes ☐ No ☐ Wait

기도는 하지 않을수록 더 어려워지고 할수록 더 잘되는 법이다. 마르틴 루터

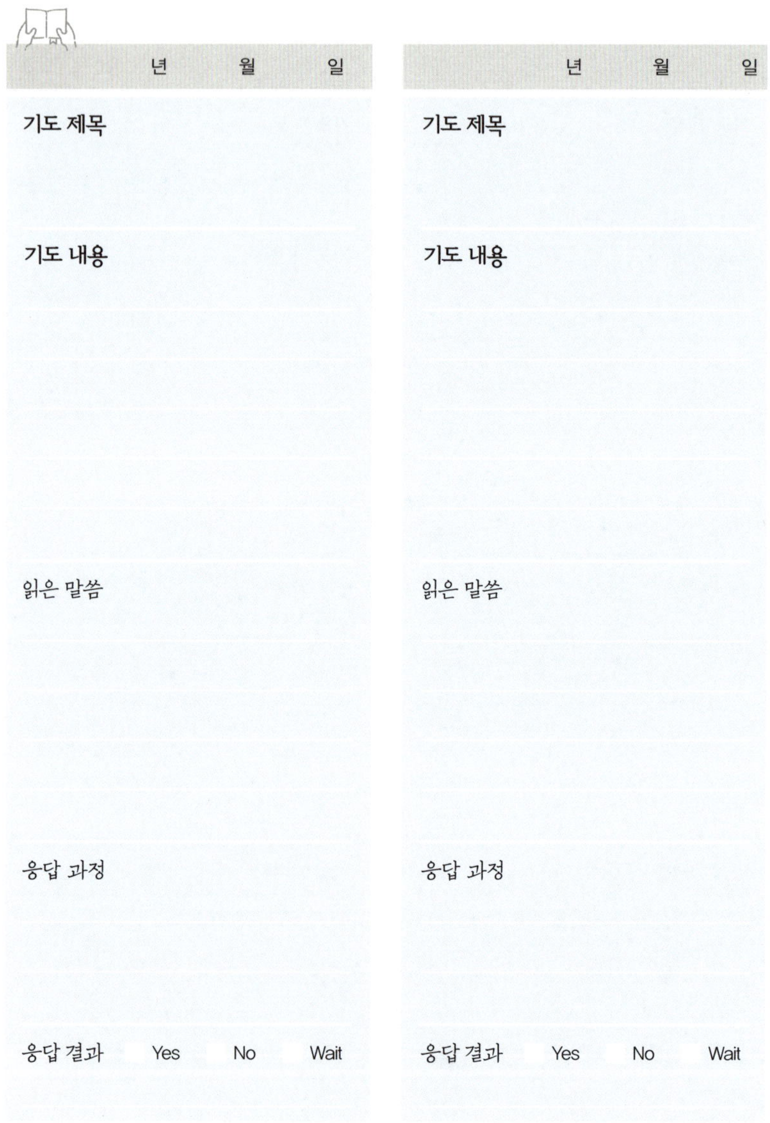

<table>
<tr><td>년 월 일</td><td>년 월 일</td></tr>
</table>

기도 제목	**기도 제목**
기도 내용	**기도 내용**
읽은 말씀	읽은 말씀
응답 과정	응답 과정
응답 결과　Yes　No　Wait	응답 결과　Yes　No　Wait

위대한 그리스도인들의 업적은 한결같이 응답받은 기도의 역사다.　E. M. 바운즈

기도 제목

기도 내용

읽은 말씀

응답 과정

응답 결과   Yes   No   Wait

기도 제목

기도 내용

읽은 말씀

응답 과정

응답 결과   Yes   No   Wait

기도 시간은 무한한 존재, 곧 하나님에 대한 자신의 마음 자세를 점검하는 시간이다. 톨스토이

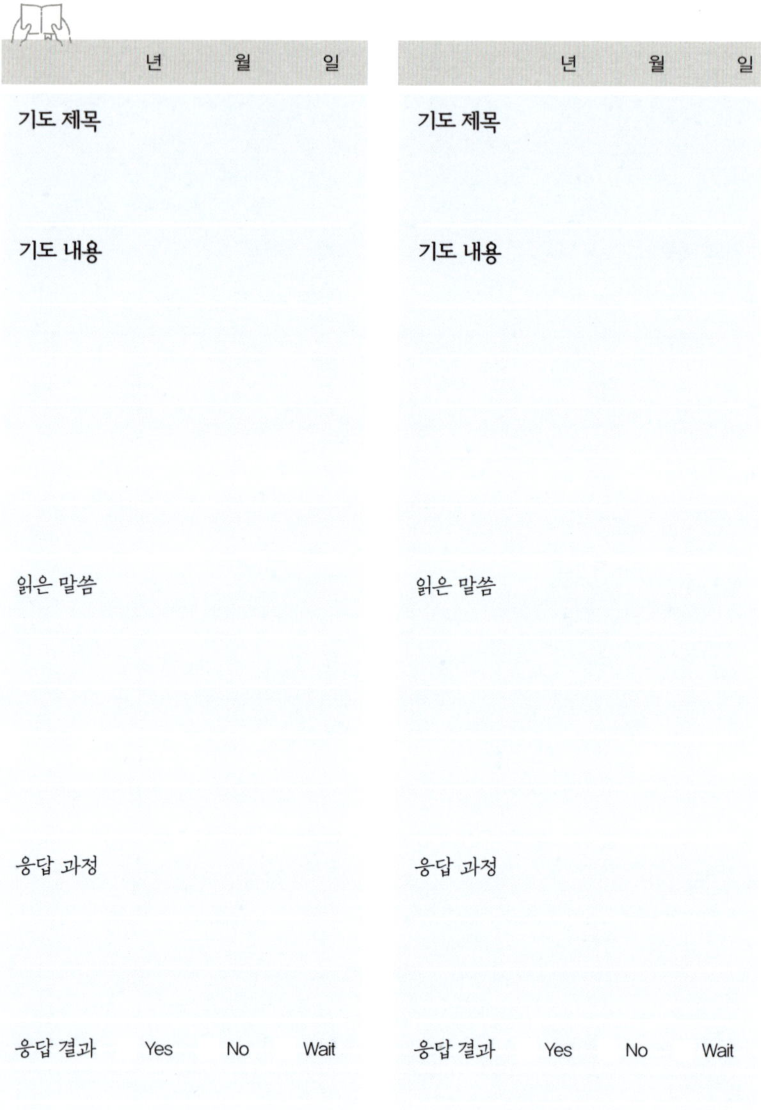

기도 제목

기도 내용

읽은 말씀

응답 과정

응답 결과　　Yes　　No　　Wait

기도 제목

기도 내용

읽은 말씀

응답 과정

응답 결과　　Yes　　No　　Wait

믿음은 근육과 같고 기도는 이를 강하게 하는 운동과 같다.　미상

기도 제목

기도 내용

읽은 말씀

응답 과정

응답 결과　　Yes　　No　　Wait

기도 제목

기도 내용

읽은 말씀

응답 과정

응답 결과　　Yes　　No　　Wait

기도의 목적은 우리가 하나님과 동행하도록 만드는 것이다.　레오 벡

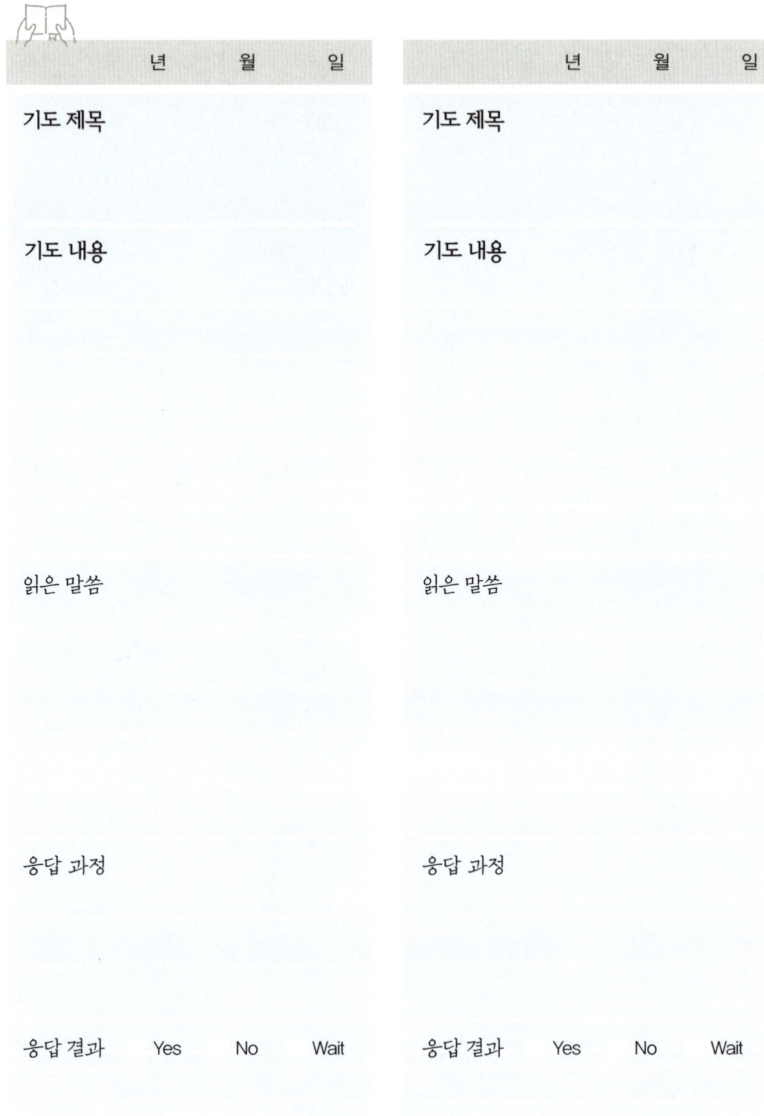

밤에 하는 나의 기도는 낮 동안의 원기의 샘물이다. 나이팅게일

기도 제목   기도 제목

기도 내용   기도 내용

읽은 말씀   읽은 말씀

응답 과정   응답 과정

응답 결과   Yes   No   Wait   응답 결과   Yes   No   Wait

믿음이 없는 기도는 열매도 없다. 토머스 왓슨

자주 기도하라. 왜냐하면 기도는 사탄에게 두통거리가 되기 때문이다. 존 번연

기도 제목

기도 내용

읽은 말씀

응답 과정

응답 결과   Yes   No   Wait

기도 제목

기도 내용

읽은 말씀

응답 과정

응답 결과   Yes   No   Wait

모든 것을 위해 기도하라. 모든 것에 대해 감사하라.   무디

기도 제목

기도 내용

읽은 말씀

응답 과정

응답 결과   Yes   No   Wait

기도 제목

기도 내용

읽은 말씀

응답 과정

응답 결과   Yes   No   Wait

모든 것이 감당하기 너무 벅찰 때 나는 기도하게 된다.   링컨

기도 제목

기도 내용

읽은 말씀

응답 과정

응답 결과   Yes   No   Wait

기도 제목

기도 내용

읽은 말씀

응답 과정

응답 결과   Yes   No   Wait

하나님을 두려워하는 사람은 다른 아무것도 두려워하지 않는다. 그러나 하나님을 두려워하지 않는 사람은 다른 모든 것을 두려워한다. 마하트마 간디

기도 제목

기도 내용

읽은 말씀

응답 과정

응답 결과   Yes   No   Wait

기도 제목

기도 내용

읽은 말씀

응답 과정

응답 결과   Yes   No   Wait

기도는 기도한 것이 성취될 수 있게 하는 개인적 행위를 반드시 포함하고 있으며, 그것을 전제하고 있다.   슐라이어마허

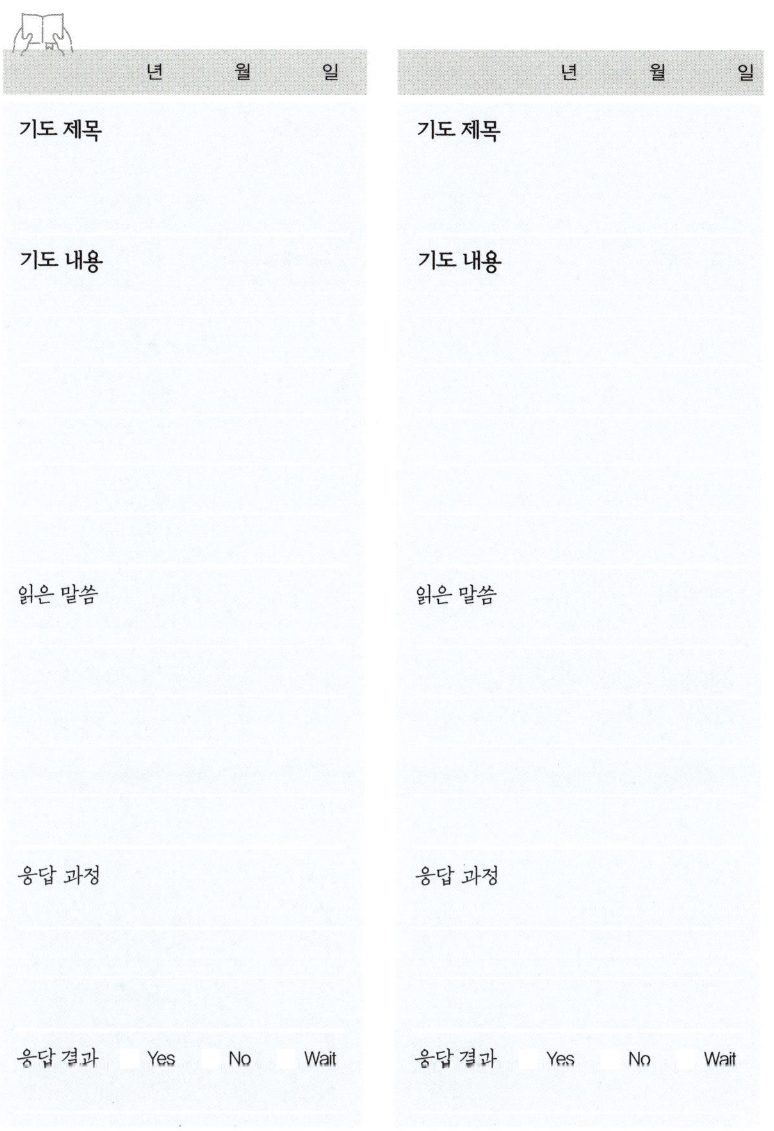

기도하는 자에게 환난은 오래 머물지 않고 지나간다. 아이스킬로스

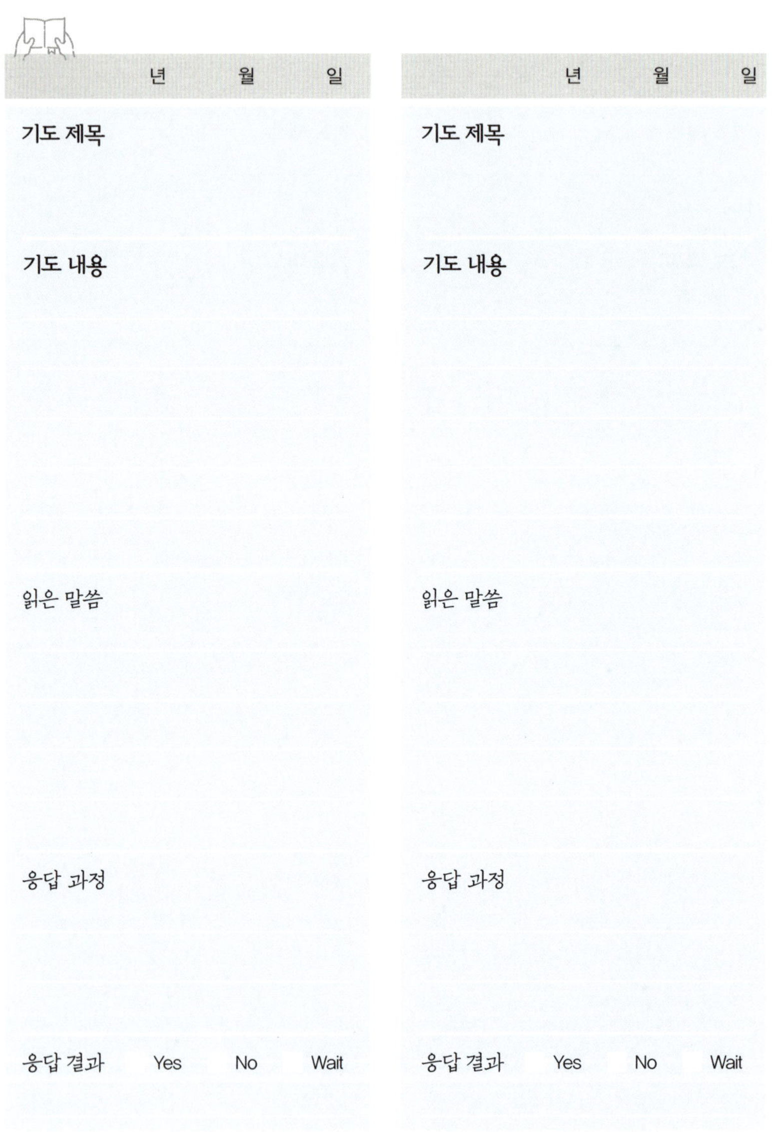

<table>
<tr><td>년　　월　　일</td><td>년　　월　　일</td></tr>
</table>

기도 제목	**기도 제목**
기도 내용	**기도 내용**
읽은 말씀	읽은 말씀
응답 과정	응답 과정
응답 결과　　Yes　　No　　Wait	응답 결과　　Yes　　No　　Wait

기도는 하나님의 자녀들의 합리적인 특권이다.　**윌리엄 워즈워스**

기도 제목

기도 내용

읽은 말씀

응답 과정

응답 결과   Yes   No   Wait

기도 제목

기도 내용

읽은 말씀

응답 과정

응답 결과   Yes   No   Wait

편하고 쉬운 인생을 주십사고 기도하지 말고, 모든 인생의 환경에 승리할 수 있는 능력을 주십사고 기도하라. 브룩스

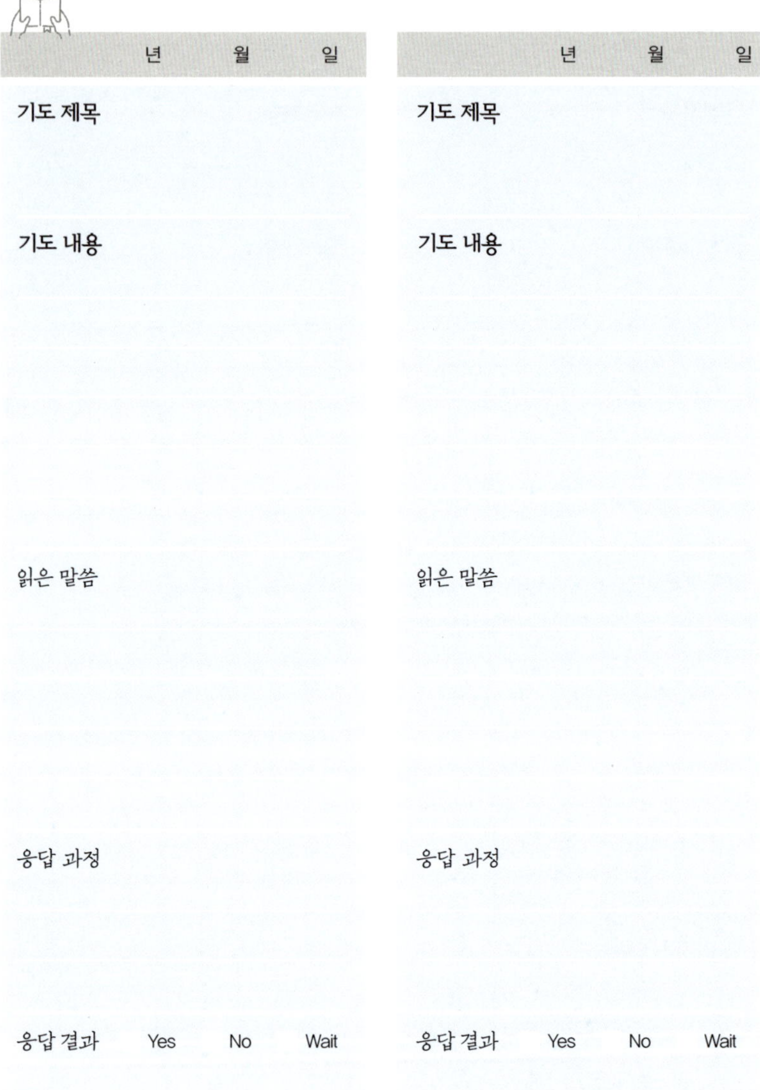

년　　　월　　　일

기도 제목

기도 내용

읽은 말씀

응답 과정

응답 결과　　Yes　　No　　Wait

년　　　월　　　일

기도 제목

기도 내용

읽은 말씀

응답 과정

응답 결과　　Yes　　No　　Wait

마른 눈 가지고는 천국에 못 들어간다.　찰스 H. 스펄전

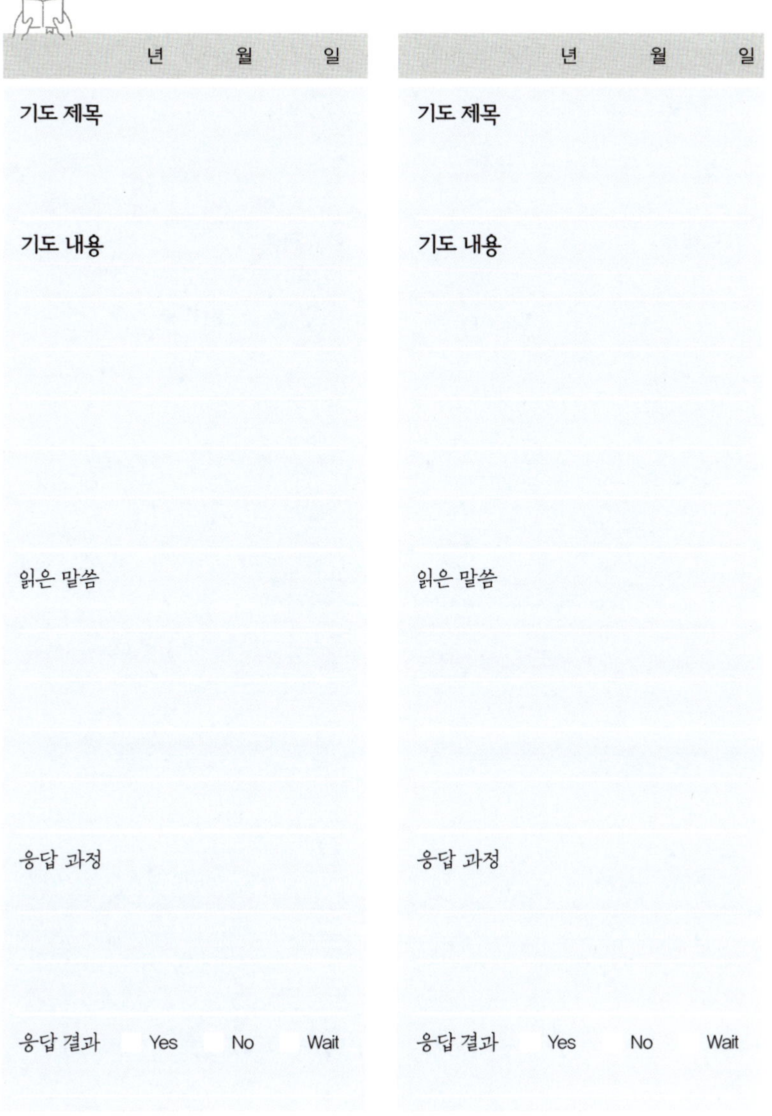

년   월   일

기도 제목

기도 내용

읽은 말씀

응답 과정

응답 결과   Yes   No   Wait

년   월   일

기도 제목

기도 내용

읽은 말씀

응답 과정

응답 결과   Yes   No   Wait

성자를 만들어내는 것은 기도의 힘이다. E. M. 바운즈

기도 제목

기도 내용

읽은 말씀

응답 과정

응답 결과   Yes   No   Wait

기도 제목

기도 내용

읽은 말씀

응답 과정

응답 결과   Yes   No   Wait

사람이 자기의 의견과 소원을 초월하여 자기의 마음을 향상시키고 자기의 주의를 하나님께 집중시키는 것이 기도의 제일 중요한 일이다.   어니스트 티틀

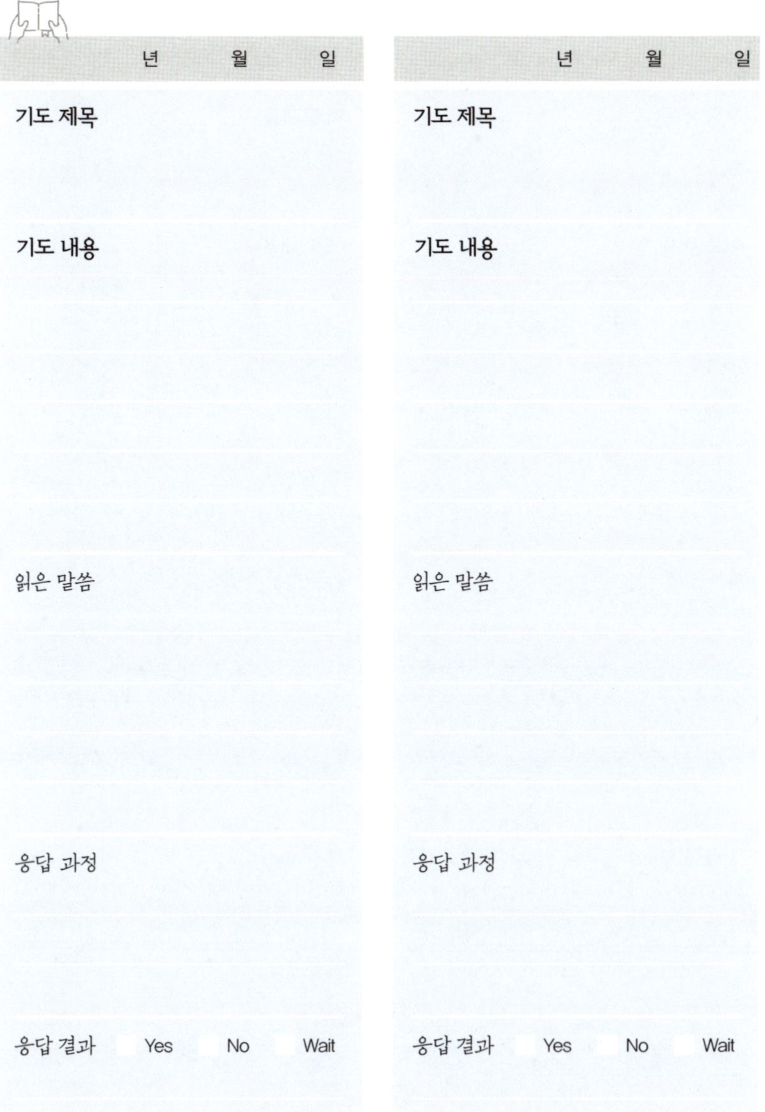

기도 제목

기도 내용

읽은 말씀

응답 과정

응답 결과　Yes　No　Wait

기도 제목

기도 내용

읽은 말씀

응답 과정

응답 결과　Yes　No　Wait

잘 기도한 자는 잘 배운 자요, 많이 기도한 자는 많이 운 자다.　마르틴 루터

기도 제목   **기도 제목**

기도 내용   **기도 내용**

읽은 말씀   읽은 말씀

응답 과정   응답 과정

응답 결과   Yes   No   Wait   응답 결과   Yes   No   Wait

어려운 환경인데 기도하고 싶은 마음마저 없다면 우리는 짐승만도 못한 사람들이 아닐 수 없다. 장 칼뱅

기도 제목

기도 내용

읽은 말씀

응답 과정

응답 결과　　Yes　　No　　Wait

기도 제목

기도 내용

읽은 말씀

응답 과정

응답 결과　　Yes　　No　　Wait

기도는 하나님의 심정에 이르게 하는 것이다.　제레미 테일러

기도 제목

기도 내용

읽은 말씀

응답 과정

응답 결과   Yes   No   Wait

기도 제목

기도 내용

읽은 말씀

응답 과정

응답 결과   Yes   No   Wait

하나님께서 우리에게 말씀하실 것은 우리가 하나님께 말씀드려야 할 것보다 더욱 중요한 것이다. 마클라 쉴란

기도 제목

기도 내용

읽은 말씀

응답 과정

응답 결과   Yes   No   Wait

기도 제목

기도 내용

읽은 말씀

응답 과정

응답 결과   Yes   No   Wait

기도는 끊임없이 쏟아져 나오는 사랑의 응답이며, 모든 영혼을 인도하시는 하나님과 사귀는 길이다. D. 스티어

기도 제목

기도 내용

읽은 말씀

응답 과정

응답 결과   Yes   No   Wait

기도 제목

기도 내용

읽은 말씀

응답 과정

응답 결과   Yes   No   Wait

기도는 사람으로 하여금 죄를 그치게끔 하고 죄는 사람으로 하여금 기도를 그치게끔 한다.

존 번연

기도 제목

기도 내용

읽은 말씀

응답 과정

응답 결과   Yes   No   Wait

기도 제목

기도 내용

읽은 말씀

응답 과정

응답 결과   Yes   No   Wait

오늘 교회에 절실한 것은 성령님이 사용하시는 기도의 사람, 기도의 용사들이다. E. M. 바운즈

기도 제목

기도 내용

읽은 말씀

응답 과정

응답 결과   Yes   No   Wait

우리가 비록 횡설수설 기도해도 하나님은 요점을 알아차리신다. 리처드 시베스

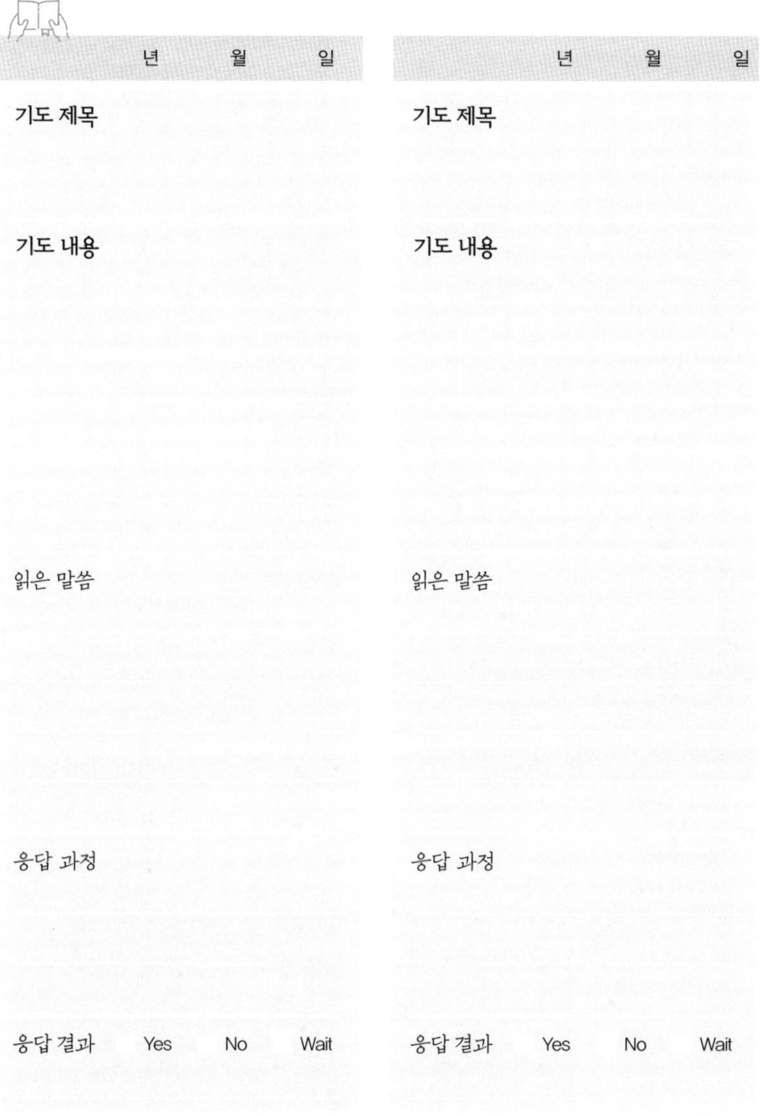

<table>
<tr><td>년　월　일</td><td>년　월　미상일</td></tr>
</table>

기도 제목	**기도 제목**
기도 내용	**기도 내용**
읽은 말씀	읽은 말씀
응답 과정	응답 과정
응답 결과　　Yes　　No　　Wait	응답 결과　　Yes　　No　　Wait

그대가 무릎을 꿇고 기도한다면 비틀거릴 수 없을 것이다.　미상

기도 제목

기도 내용

읽은 말씀

응답 과정

응답 결과   Yes   No   Wait

기도 제목

기도 내용

읽은 말씀

응답 과정

응답 결과   Yes   No   Wait

기도는 우리가 믿음으로 발견한 주님의 복음에 들어 있는 보물을 파내는 것이다. 장 칼뱅

기도 제목

기도 내용

읽은 말씀

응답 과정

응답 결과   Yes   No   Wait

기도 제목

기도 내용

읽은 말씀

응답 과정

응답 결과   Yes   No   Wait

자녀에게 기도하는 법을 가르치는 부모보다 더 좋은 국민은 없다. 미상

기도 제목

기도 내용

읽은 말씀

응답 과정

응답 결과   Yes   No   Wait

기도 제목

기도 내용

읽은 말씀

응답 과정

응답 결과   Yes   No   Wait

천사는 베드로를 감옥에서 나오게 했지만, 천사를 나오게 한 것은 기도였다. 토마스 왓슨

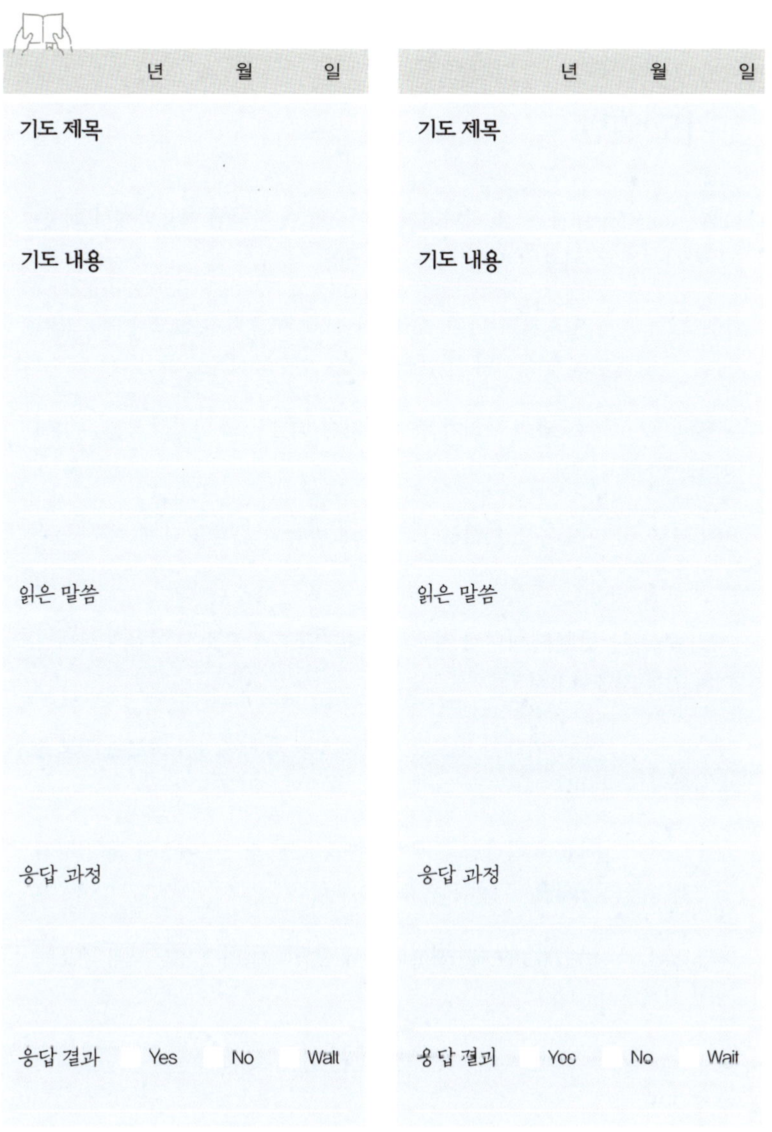

<table>
<tr><td>년   월   일</td><td>년   월   일</td></tr>
</table>

기도 제목

기도 내용

읽은 말씀

응답 과정

응답 결과   Yes   No   Wait

기도 제목

기도 내용

읽은 말씀

응답 과정

응답 결과   Yes   No   Wait

뜨거움이 없는 기도는 항상 하늘에 닿기 전에 얼어버린다. 노마스 브룩스

기도 일반

신명기 30:9   네가 … 네 하나님께 돌아오면 네 하나님 여호와께서 네 손으로 하는 모든 일과 … 네게 복을 주시리라

시편 23:1-2   여호와는 나의 목자시니 내게 부족함이 없으리로다 그가 나를 푸른 풀밭에 누이시며 쉴 만한 물 가로 인도하시는도다

시편 33:22   여호와여 우리가 주께 바라는 대로 주의 인자하심을 우리에게 베푸소서

시편 37:4   여호와를 기뻐하라 그가 네 마음의 소원을 네게 이루어 주시리로다

시편 84:8   만군의 하나님 여호와여 내 기도를 들으소서 야곱의 하나님이여 귀를 기울이소서

시편 102:17   여호와께서 빈궁한 자의 기도를 돌아보시며 그들의 기도를 멸시하지 아니하셨도다

시편 146:5   야곱의 하나님을 자기의 도움으로 삼으며 여호와 자기 하나님에게 자기의 소망을 두는 자는 복이 있도다

잠언 15:8   악인의 제사는 여호와께서 미워하셔도 정직한 자의 기도는 그가 기뻐하시느니라

마가복음 9:29   기도 외에 다른 것으로는 이런 종류가 나갈 수 없느니라 하시니라

로마서 8:15   무서워하는 종의 영을 받지 아니하고 양자의 영을 받았으

므로 우리가 아빠 아버지라고 부르짖느니라

로마서 8:26 우리는 마땅히 기도할 바를 알지 못하나 오직 성령이 말할 수 없는 탄식으로 우리를 위하여 친히 간구하시느니라

에베소서 6:18 모든 기도와 간구를 하되 항상 성령 안에서 기도하고 이를 위하여 깨어 구하기를 항상 힘쓰며 여러 성도를 위하여 구하라

빌립보서 4:6 아무것도 염려하지 말고 다만 모든 일에 기도와 간구로, 너희 구할 것을 감사함으로 하나님께 아뢰라

골로새서 3:2 위의 것을 생각하고 땅의 것을 생각하지 말라

골로새서 4:2 기도를 계속하고 기도에 감사함으로 깨어 있으라

히브리서 4:16 그러므로 우리는 긍휼하심을 받고 때를 따라 돕는 은혜를 얻기 위하여 은혜의 보좌 앞에 담대히 나아갈 것이니라

야고보서 5:13 너희 중에 고난당하는 자가 있느냐 그는 기도할 것이요

베드로전서 4:7 만물의 마지막이 가까이 왔으니 그러므로 너희는 정신을 차리고 근신하여 기도하라

치유를 위한 기도

출애굽기 15:26 나는 너희를 치료하는 여호와임이라

역대하 30:20   여호와께서 히스기야의 기도를 들으시고 백성을 고치셨더라

욥기 10:11-12   피부와 살을 내게 입히시며 뼈와 힘줄로 나를 엮으시고 생명과 은혜를 내게 주시고 나를 보살피심으로 내 영을 지키셨나이다

이사야 38:16   주여 사람이 사는 것이 이에 있고 내 심령의 생명도 온전히 거기에 있사오니 원하건대 나를 치료하시며 나를 살려 주옵소서

시편 6:2   여호와여 내가 수척하였사오니 내게 은혜를 베푸소서 여호와여 나의 뼈가 떨리오니 나를 고치소서

시편 71:8-9   주를 찬송함과 주께 영광 돌림이 종일토록 내 입에 가득하리이다 늙을 때에 나를 버리지 마시며 내 힘이 쇠약할 때에 나를 떠나지 마소서

시편 103:3-4   그가 네 모든 죄악을 사하시며 네 모든 병을 고치시며 네 생명을 파멸에서 속량하시고 인자와 긍휼로 관을 씌우시며

예레미야 17:14   여호와여 주는 나의 찬송이시오니 나를 고치소서 그리하시면 내가 낫겠나이다 나를 구원하소서 그리하시면 내가 구원을 얻으리이다

호세아 6:1   오라 우리가 여호와께로 돌아가자 여호와께서 우리를 찢으셨으나 도로 낫게 하실 것이요 우리를 치셨으나 싸매어 주실 것임이라

말라기 4:2   내 이름을 경외하는 너희에게는 공의로운 해가 떠올라서 치료하는 광선을 비추리니 너희가 나가서 외양간에서 나온 송아지같이 뛰리라

마태복음 8:7   이르시되 내가 가서 고쳐 주리라

마태복음 8:15   그의 손을 만지시니 열병이 떠나가고 여인이 일어나서 예수께 수종들더라

마가복음 5:41   그 아이의 손을 잡고 이르시되 달리다굼 하시니 번역하면 곧 내가 네게 말하노니 소녀야 일어나라 하심이라

누가복음 8:48   예수께서 이르시되 딸아 네 믿음이 너를 구원하였으니 평안히 가라 하시더라

야고보서 5:15   믿음의 기도는 병든 자를 구원하리니 주께서 그를 일으키시리라

야고보서 5:16   너희 죄를 서로 고백하며 병이 낫기를 위하여 서로 기도하라 의인의 간구는 역사하는 힘이 큼이니라

확신을 바라는 기도

신명기 29:9   그런즉 너희는 이 언약의 말씀을 지켜 행하라 그리하면 너희가 하는 모든 일이 형통하리라

시편 3:3-4   여호와여 주는 나의 방패시요 나의 영광이시요 나의 머리를 드시는 자이시니이다 내가 나의 목소리로 여호와께 부르짖으니 그의 성산에서 응답하시는도다

시편 66:19   하나님이 실로 들으셨음이여 내 기도 소리에 귀를 기울이셨
도다

시편 111:5   여호와께서 자기를 경외하는 자들에게 양식을 주시며 그의
언약을 영원히 기억하시리로다

잠언 16:3   너의 행사를 여호와께 맡기라 그리하면 네가 경영하는 것이
이루어지리라

시편 116:2   그의 귀를 내게 기울이셨으므로 내가 평생에 기도하리로다

이사야 43:18-19   너희는 이전 일을 기억하지 말며 옛날 일을 생각하지
말라 보라 내가 새 일을 행하리니 이제 나타낼 것이라

예레미야 29:12   너희가 내게 부르짖으며 내게 와서 기도하면 내가 너희
들의 기도를 들을 것이요

마태복음 21:22   너희가 기도할 때에 무엇이든지 믿고 구하는 것은 다 받
으리라 하시니라

마가복음 11:24   내가 너희에게 말하노니 무엇이든지 기도하고 구하는 것
은 받은 줄로 믿으라

빌립보서 1:6   너희 안에서 착한 일을 시작하신 이가 그리스도 예수의 날
까지 이루실 줄을 우리는 확신하노라

히브리서 13:8   예수 그리스도는 어제나 오늘이나 영원토록 동일하시니라

믿음을 위한 기도

시편 34:9 너희 성도들아 여호와를 경외하라 그를 경외하는 자에게는 부족함이 없도다

시편 34:17 의인이 부르짖으매 여호와께서 들으시고 그들의 모든 환난에서 건지셨도다

시편 37:3 여호와를 의뢰하고 선을 행하라 땅에 머무는 동안 그의 성실을 먹을거리로 삼을지어다

시편 90:12 우리에게 우리 날 계수함을 가르치사 지혜로운 마음을 얻게 하소서

시편 119:73 주의 손이 나를 만들고 세우셨사오니 내가 깨달아 주의 계명들을 배우게 하소서

잠언 3:5-6 너는 마음을 다하여 여호와를 신뢰하고 네 명철을 의지하지 말라 너는 범사에 그를 인정하라 그리하면 네 길을 지도하시리라

이사야 60:1 일어나라 빛을 발하라 이는 네 빛이 이르렀고 여호와의 영광이 네 위에 임하였음이니라

마태복음 26:41 시험에 들지 않게 깨어 기도하라 마음에는 원이로되 육신이 약하도다

누가복음 6:28 너희를 저주하는 자를 위하여 축복하며 너희를 모욕하는 자를 위하여 기도하라

누가복음 22:46 어찌하여 자느냐 시험에 들지 않게 일어나 기도하라 하

시니라

요한복음 8:32　　　진리를 알지니 진리가 너희를 자유롭게 하리라

로마서 12:11　　　부지런하여 게으르지 말고 열심을 품고 주를 섬기라

고린도전서 14:15　　　내가 영으로 기도하고 또 마음으로 기도하며 내가 영으로 찬송하고 또 마음으로 찬송하리라

갈라디아서 6:10　　　그러므로 우리는 기회 있는 대로 모든 이에게 착한 일을 하되 더욱 믿음의 가정들에게 할지니라

에베소서 4:15　　　오직 사랑 안에서 참된 것을 하여 범사에 그에게까지 자랄지라 그는 머리니 곧 그리스도라

에베소서 4:24　　　하나님을 따라 의와 진리의 거룩함으로 지으심을 받은 새 사람을 입으라

에베소서 4:26-27　　　분을 내어도 죄를 짓지 말며 해가 지도록 분을 품지 말고 마귀에게 틈을 주지 말라

빌립보서 2:12　　　나의 사랑하는 자들아 너희가 나 있을 때뿐 아니라 더욱 지금 나 없을 때에도 항상 복종하여 두렵고 떨림으로 너희 구원을 이루라

빌립보서 4:9　　　너희는 내게 배우고 받고 듣고 본 바를 행하라 그리하면 평강의 하나님이 너희와 함께 계시리라

야고보서 1:4　　　인내를 온전히 이루라 이는 너희로 온전하고 구비하여 조금도 부족함이 없게 하려 함이라

야고보서 1:12　　　시험을 참는 자는 복이 있나니 이는 시련을 견디어 낸 자

가 주께서 자기를 사랑하는 자들에게 약속하신 생명의 면류관을 얻을 것
이기 때문이라

베드로후서 1:7   경건에 형제 우애를, 형제 우애에 사랑을 더하라

유다서 1:20   사랑하는 자들아 너희는 너희의 지극히 거룩한 믿음 위에
자신을 세우며 성령으로 기도하며

요한일서 3:23   그의 계명은 이것이니 곧 그 아들 예수 그리스도의 이름
을 믿고 그가 우리에게 주신 계명대로 서로 사랑할 것이니라

요한일서 5:3   하나님을 사랑하는 것은 이것이니 우리가 그의 계명들을
지키는 것이라 그의 계명들은 무거운 것이 아니로다

요한계시록 2:10   너는 장차 받을 고난을 두려워하지 말라 … 네가 죽도
록 충성하라 그리하면 내가 생명의 관을 네게 주리라

감사드리는 기도

시편 30:4   주의 성도들아 여호와를 찬송하며 그의 거룩함을 기억하며
감사하라

시편 100:4   감사함으로 그의 문에 들어가며 찬송함으로 그의 궁정에 들
어가서 그에게 감사하며 그의 이름을 송축할지어다

시편 106:1   할렐루야 여호와께 감사하라 그는 선하시며 그 인자하심이

영원함이로다

고린도전서 15:57   우리 주 예수 그리스도로 말미암아 우리에게 승리를 주시는 하나님께 감사하노니

골로새서 3:17   또 무엇을 하든지 말에나 일에나 다 주 예수의 이름으로 하고 그를 힘입어 하나님 아버지께 감사하라

골로새서 4:2   기도를 계속하고 기도에 감사함으로 깨어 있으라

데살로니가전서 5:16-18   항상 기뻐하라 쉬지 말고 기도하라 범사에 감사하라 이것이 그리스도 예수 안에서 너희를 향하신 하나님의 뜻이니라

위로를 바라는 기도

출애굽기 34:6   여호와라 여호와라 자비롭고 은혜롭고 노하기를 더디 하고 인자와 진실이 많은 하나님이라

민수기 6:26   여호와는 그 얼굴을 네게로 향하여 드사 평강 주시기를 원하노라

시편 116:15   그의 경건한 자들의 죽음은 여호와께서 보시기에 귀중한 것이로다

잠언 14:32   악인은 그의 환난에 엎드러져도 의인은 그의 죽음에도 소망이 있느니라

이사야 40:29　　피곤한 자에게는 능력을 주시며 무능한 자에게는 힘을 더하시나니

이사야 61:2　　여호와의 은혜의 해와 우리 하나님의 보복의 날을 선포하여 모든 슬픈 자를 위로하되

이사야 66:13　　어머니가 자식을 위로함같이 내가 너희를 위로할 것인즉 너희가 예루살렘에서 위로를 받으리니

예레미야 17:7　　무릇 여호와를 의지하며 여호와를 의뢰하는 그 사람은 복을 받을 것이라

예레미야 31:25　　내가 그 피곤한 심령을 상쾌하게 하며 모든 연약한 심령을 만족하게 하였음이라

다니엘 9:17　　주의 종의 기도와 간구를 들으시고 주를 위하여 주의 얼굴 빛을 주의 황폐한 성소에 비추시옵소서

요한복음 11:25　　예수께서 이르시되 나는 부활이요 생명이니 나를 믿는 자는 죽어도 살겠고

로마서 3:24　　그리스도 예수 안에 있는 속량으로 말미암아 하나님의 은혜로 값없이 의롭다 하심을 인은 자 되었느니라

로마서 15:13　　소망의 하나님이 모든 기쁨과 평강을 믿음 안에서 너희에게 충만하게 하사 성령의 능력으로 소망이 넘치게 하시기를 원하노라

고린도후서 1:4　　우리의 모든 환난 중에서 우리를 위로하사 우리로 하여금 하나님께 받는 위로로써 모든 환난 중에 있는 자들을 능히 위로하게 하시는 이시로다

베드로전서 5:7　　너희 염려를 다 주께 맡기라 이는 그가 너희를 돌보심이라

요한계시록 21:4　　모든 눈물을 그 눈에서 닦아 주시니 다시는 사망이 없고 애통하는 것이나 곡하는 것이나 아픈 것이 다시 있지 아니하리니 처음 것들이 다 지나갔음이러라

▌평안을 바라는 기도

신명기 31:6　　너희는 강하고 담대하라 두려워하지 말라 그들 앞에서 떨지 말라 이는 네 하나님 여호와 그가 너와 함께 가시며 결코 너를 떠나지 아니하시며 버리지 아니하실 것임이라

시편 32:7　　주는 나의 은신처이오니 환난에서 나를 보호하시고 구원의 노래로 나를 두르시리이다

시편 42:5　　내 영혼아 네가 어찌하여 낙심하며 어찌하여 내 속에서 불안해하는가 너는 하나님께 소망을 두라 그가 나타나 도우심으로 말미암아 내가 여전히 찬송하리로다

시편 56:3-4　　내가 두려워하는 날에는 내가 주를 의지하리이다 내가 하나님을 의지하고 그 말씀을 찬송하올지라

시편 104:34　　나의 기도를 기쁘게 여기시기를 바라나니 나는 여호와로 말미암아 즐거워하리로다

시편 118:6　　여호와는 내 편이시라 내가 두려워하지 아니하리니 사람이

내게 어찌할까

이사야 41:10 두려워하지 말라 내가 너와 함께 함이라 놀라지 말라 나는 네 하나님이 됨이라 내가 너를 굳세게 하리라 참으로 너를 도와주리라 참으로 나의 의로운 오른손으로 너를 붙들리라

이사야 43:1 너는 두려워하지 말라 내가 너를 구속하였고 내가 너를 지명하여 불렀나니 너는 내 것이라

마태복음 6:34 내일 일을 위하여 염려하지 말라 내일 일은 내일이 염려할 것이요 한 날의 괴로움은 그 날로 족하니라

요한복음 14:1 너희는 마음에 근심하지 말라 하나님을 믿으니 또 나를 믿으라

요한복음 15:8 세상이 너희를 미워하면 너희보다 먼저 나를 미워한 줄을 알라

요한복음 16:33 이것을 너희에게 이르는 것은 너희로 내 안에서 평안을 누리게 하려 함이라 세상에서는 너희가 환난을 당하나 담대하라 내가 세상을 이기었노라

로마서 15:13 소망의 하나님이 모든 기쁨과 평강을 믿음 안에서 너희에게 충만하게 하사 성령의 능력으로 소망이 넘치게 하시기를 원하노라

빌립보서 1:6 너희 안에서 착한 일을 시작하신 이가 그리스도 예수의 날까지 이루실 줄을 우리는 확신하노라

요한일서 4:11 사랑하는 자들아 하나님이 이같이 우리를 사랑하셨은즉 우리도 서로 사랑하는 것이 마땅하도다

| 전도를 위한 기도

시편 37:5-6 네 길을 여호와께 맡기라 그를 의지하면 그가 이루시고 네 의를 빛같이 나타내시며 네 공의를 정오의 빛같이 하시리로다

시편 102:1 여호와여 내 기도를 들으시고 나의 부르짖음을 주께 상달하게 하소서

잠언 24:11 너는 사망으로 끌려가는 자를 건져 주며 살륙을 당하게 된 자를 구원하지 아니하려고 하지 말라

이사야 43:19 보라 내가 새 일을 행하리니 이제 나타낼 것이라 너희가 그것을 알지 못하겠느냐 반드시 내가 광야에 길을 사막에 강을 내리니

누가복음 15:10 내가 너희에게 이르노니 이와 같이 죄인 한 사람이 회개하면 하나님의 사자들 앞에 기쁨이 되느니라

요한복음 1:12 영접하는 자 곧 그 이름을 믿는 자들에게는 하나님의 자녀가 되는 권세를 주셨으니

요한복음 3:16 하나님이 세상을 이처럼 사랑하사 독생자를 주셨으니 이는 그를 믿는 자마다 멸망하지 않고 영생을 얻게 하려 하심이라

요한복음 7:37 명절 끝날 곧 큰 날에 예수께서 서서 외쳐 이르시되 누구든지 목마르거든 내게로 와서 마시라

요한복음 14:6 예수께서 이르시되 내가 곧 길이요 진리요 생명이니 나로 말미암지 않고는 아버지께로 올 자가 없느니라

사도행전 4:12 다른 이로써는 구원을 받을 수 없나니 천하 사람 중에 구

원을 받을 만한 다른 이름을 우리에게 주신 일이 없음이라 하였더라

고린도후서 6:2　　이르시되 내가 은혜 베풀 때에 너에게 듣고 구원의 날에 너를 도왔다 하셨으니 보라 지금은 은혜 받을 만한 때요 보라 지금은 구원의 날이로다

요한삼서 1:2　　사랑하는 자여 네 영혼이 잘됨 같이 네가 범사에 잘되고 강건하기를 내가 간구하노라

돌보심을 바라는 기도

신명기 32:10　　여호와께서 그를 황무지에서, 짐승이 부르짖는 광야에서 만나시고 호위하시며 보호하시며 자기의 눈동자같이 지키셨도다

시편 17: 8-9　　나를 눈동자같이 지키시고 주의 날개 그늘 아래에 감추사 내 앞에서 나를 압제하는 악인들과 나의 목숨을 노리는 원수들에게서 벗어나게 하소서

시편 31:3　　주는 나의 반석과 산성이시니 그러므로 주의 이름을 생각하셔서 나를 인도하시고 지도하소서

시편 55:22　　네 짐을 여호와께 맡기라 그가 너를 붙드시고 의인의 요동함을 영원히 허락하지 아니하시리로다

시편 61:3　　주는 나의 피난처시요 원수를 피하는 견고한 망대이심이니이다

시편 86:6　　여호와여 나의 기도에 귀를 기울이시고 내가 간구하는 소리를 들으소서

시편 118:5-6　　내가 고통 중에 여호와께 부르짖었더니 여호와께서 응답하시고 나를 넓은 곳에 세우셨도다 여호와는 내 편이시라 내가 두려워하지 아니하리니 사람이 내게 어찌할까

시편 140: 7　　내 구원의 능력이신 주 여호와여 전쟁의 날에 주께서 내 머리를 가려 주셨나이다

잠언 16:9　　사람이 마음으로 자기의 길을 계획할지라도 그의 걸음을 인도하시는 이는 여호와시니라

잠언 24:16　　대저 의인은 일곱 번 넘어질지라도 다시 일어나려니와 악인은 재앙으로 말미암아 엎드러지느니라

스바냐 3:17　　너의 하나님 여호와가 너의 가운데에 계시니 그는 구원을 베푸실 전능자이시라

마태복음 7:7-8　　구하라 그리하면 너희에게 주실 것이요 찾으라 그리하면 찾아낼 것이요 문을 두드리라 그리하면 너희에게 열릴 것이니 구하는 이마다 받을 것이요 찾는 이는 찾아낼 것이요 두드리는 이에게는 열릴 것이니라

마태복음 11:28　　수고하고 무거운 짐 진 자들아 다 내게로 오라 내가 너희를 쉬게 하리라

요한복음 6:35　　나는 생명의 떡이니 내게 오는 자는 결코 주리지 아니할 터이요 나를 믿는 자는 영원히 목마르지 아니하리라

고린도후서 2:14 항상 우리를 그리스도 안에서 이기게 하시고 우리로 말미암아 각처에서 그리스도를 아는 냄새를 나타내시는 하나님께 감사하노라

남편을 위한 기도

시편 37:5-6 네 길을 여호와께 맡기라 그를 의지하면 그가 이루시고 네 의를 빛같이 나타내시며 네 공의를 정오의 빛같이 하시리로다

시편 68:9 하나님이여 주께서 흡족한 비를 보내사 주의 기업이 곤핍할 때에 주께서 그것을 견고하게 하셨고

시편 128:1-2 여호와를 경외하며 그의 길을 걷는 자마다 복이 있도다 네가 네 손이 수고한 대로 먹을 것이라 네가 복되고 형통하리로다

잠언 10:4 손을 게으르게 놀리는 자는 가난하게 되고 손이 부지런한 자는 부하게 되느니라

잠언 16:3 너의 행사를 여호와께 맡기라 그리하면 네가 경영하는 것이 이루어지리라

잠언 16:8 적은 소득이 공의를 겸하면 많은 소득이 불의를 겸한 것보다 나으니라

잠언 19:21 사람의 마음에는 많은 계획이 있어도 오직 여호와의 뜻만이 완전히 서리라

골로새서 3:23-24　무슨 일을 하든지 마음을 다하여 주께 하듯 하고 사람에게 하듯 하지 말라 이는 기업의 상을 주께 받을 줄 아나니 너희는 주 그리스도를 섬기느니라

고린도전서 16:13　깨어 믿음에 굳게 서서 남자답게 강건하라

디모데전서 2:8　각처에서 남자들이 분노와 다툼이 없이 거룩한 손을 들어 기도하기를 원하노라

▍자녀를 위한 기도

사사기 13:8　마노아가 여호와께 기도하여 이르되 주여 구하옵나니 … 우리가 그 낳을 아이에게 어떻게 행할지를 우리에게 가르치게 하소서

시편 119:9-10　청년이 무엇으로 그의 행실을 깨끗하게 하리이까 주의 말씀만 지킬 따름이니이다 내가 전심으로 주를 찾았사오니 주의 계명에서 떠나지 말게 하소서

잠언 22:6　마땅히 행할 길을 아이에게 가르치라 그리하면 늙어도 그것을 떠나지 아니하리라

전도서 12:1　너는 청년의 때에 너의 창조주를 기억하라

이사야 54:13　네 모든 자녀는 여호와의 교훈을 받을 것이니 네 자녀에게는 큰 평안이 있을 것이며

누가복음 2:40　　아기가 자라며 강하여지고 지혜가 충만하며 하나님의 은혜가 그의 위에 있더라

로마서 12:2　　너희는 이 세대를 본받지 말고 오직 마음을 새롭게 함으로 변화를 받아 하나님의 선하시고 기뻐하시고 온전하신 뜻이 무엇인지 분별하도록 하라

디모데전서 2:4　　하나님은 모든 사람이 구원을 받으며 진리를 아는 데에 이르기를 원하시느니라

디모데후서 2:22　　또한 너는 청년의 정욕을 피하고 주를 깨끗한 마음으로 부르는 자들과 함께 의와 믿음과 사랑과 화평을 따르라

요한삼서 1:4　　내가 내 자녀들이 진리 안에서 행한다 함을 듣는 것보다 더 기쁜 일이 없도다

날마다 기도 노트(풍선)

엮은이 넥서스CROSS 편집부
펴낸이 임상진
펴낸곳 (주)넥서스

초판 1쇄 발행 2017년 2월 25일
초판 6쇄 발행 2024년 4월 30일

출판신고 1992년 4월 3일 제311-2002-2호
주소 10880 경기도 파주시 지목로 5
전화 (02)330-5500 팩스 (02)330-5555

ISBN 978-89-98454-71-5   03230

www.nexusbook.com